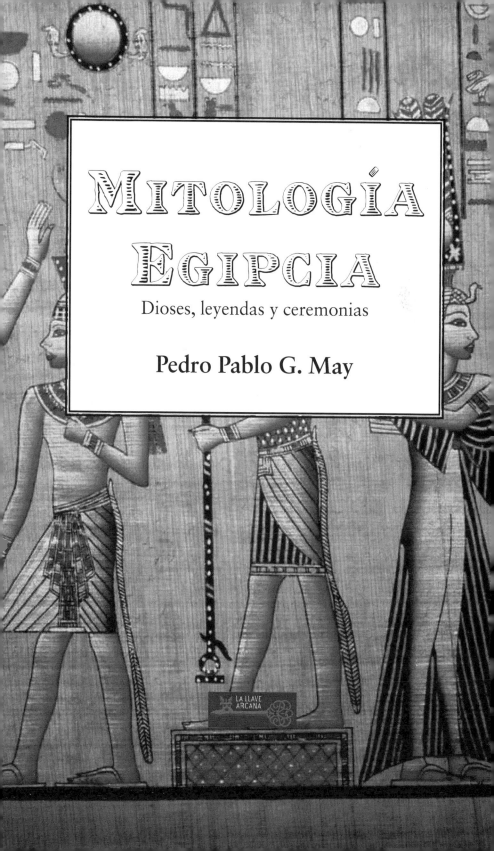

MITOLOGÍA EGIPCIA

Dioses, leyendas y ceremonias

Pedro Pablo G. May

LA LLAVE
ARCANA

© 2022, Pedro Pablo García May

© 2022, Redbook Ediciones, s. l., Barcelona

Diseño de cubierta y interior: Regina Richling

Fotografías de cubierta: Shutterstock

Imágenes de interior: Wikimedia Commons

ISBN: 978-84-9917-689-5

Depósito legal: B-18.166-2022

Impreso por Reprográficas Malpe – Pol. Ind. Los Olivos
Calle de la Calidad, 34, Bloque 2 Nave 7
28906 Getafe, Madrid

Impreso en España - *Printed in Spain*

Para Mari Ángeles, que me salvó de ser aniquilado por Seth.

¡Que mi nombre no sea corrompido ni repugne a los Señores todopoderosos que rigen los destinos de los hombres! ¡Que la oreja de los dioses se alegre y estén plenos sus corazones cuando mis palabras sean pesadas en la balanza del juicio!

Conjuro XXX del *Libro de los muertos.*

La Divinidad desea el descubrimiento de la verdad.

Plutarco

ÍNDICE

INTRODUCCIÓN

Egipto no se llama Egipto, ni Keops se llama Keops. Ni siquiera Isis y Osiris se llaman Isis y Osiris. Estos nombres y también las visiones que evocan en nuestro inconsciente, por lo general teñidas con las fantasías con las que la industria del entretenimiento y los prejuicios históricos y religiosos han velado la antigua civilización de los faraones, son de origen griego.

Nuestra percepción de los tiempos de la antigüedad, y de la egipcia en particular, se la debemos, en efecto, a los antiguos viajeros y filósofos griegos, cuya curiosidad, espíritu aventurero y prospecciones comerciales, políticas, militares e incluso espirituales les impulsaron a recorrer todo el Mediterráneo y aún mucho más allá (desde el marsellés Piteas, que llegó a la isla de Thule –fuera ésta una de las islas Feroe, o tierra noruega o incluso Islandia–, hasta el macedonio Alejandro Magno, que sólo se detuvo en el valle del Indo porque su ejército se negó a seguirle después de largos años de expedición).

En sus viajes de exploración, los griegos recogieron noticias de todos aquellos territorios que encontraron y a menudo las modificaron a propósito o accidentalmente, bien por falta de información, bien por intereses concretos. No pocas comenzaron siendo testimonios fiables que la imaginación, la exageración y las ansias de protagonismo y gloria personal transformaron en medias verdades que, como es bien sabido, son las peores mentiras. Todo aquel conglomerado de datos se confundió con el paso de los años en una enciclopedia de información donde nunca estuvo demasiado claro dónde pisaba uno tierra sólida y dónde podía ser tragado por las arenas movedizas.

efertiti, la primera gran esposa real de Ajenaton.

No obstante, los griegos tuvieron una gran virtud respecto a sus sucesores los romanos: aunque se apoderaron de numerosas ideas, conceptos culturales y dioses de aquellos países que visitaron (desde Iberia hasta Egipto) y adaptaron todo ello a su forma de ver la vida, no se arrogaron su autoría como harían más tarde los césares, empeñados en arrasar no sólo los ejércitos sino la memoria de todos los países que unieron a su imperio *manu militari* (numerosas aportaciones romanas en realidad no lo son, desde su famosa gladio que en realidad era una espada hispana hasta los pantalones que copiaron a los galos). De todas formas, los romanos también sucumbirían, como los griegos, a la fascinación de lo egipcio: la historia de amor de Cleopatra primero con Julio César, al que dio un hijo, Cesarión, de corta vida, y después con Marco Antonio es sólo el ejemplo más conocido.

El a menudo denominado «país de las pirámides» ha deslumbrado a propios y extraños a lo largo de todos los tiempos por varias razones. Entre ellas, por lo duradero de su civilización, la más extensa de las que conocemos en tiempos históricos, así como por la magnificencia y el tamaño de sus monumentos (la gran pirámide de Keops es la única de las siete maravillas reconocidas del mundo antiguo que sigue en pie a día de hoy), su asociación con la magia y los secretos o la influencia de su cultura incluso en nuestra época contemporánea, ya que sigue muy presente entre nosotros. Veremos algunos ejemplos sorprendentes a lo largo de este libro.

Los griegos llamaron *Aegyptos* a esta tierra para ellos especialmente atractiva a tenor de los testimonios escritos de sus viajeros que se conservan todavía. La explicación formal asegura que esta palabra deriva de la egipcia Hakuphtah o Hout ka Ptah, la *Ciudad* o *Fortaleza de Ptah*, nombre de uno de sus principales dioses, con el que también se conocía a Menfis, la capital del Imperio Antiguo.

No obstante, los propios egipcios no hablaban de un solo país sino de las Dos Tierras. Dos reinos diferentes e independientes que, a lo largo de la Historia habían logrado unificarse pero que ocasionalmente habían seguido su propio camino. Estos eran el Bajo Egipto, en el norte en torno al delta y la desembocadura del Nilo, un mundo asociado a la cultura del mediterráneo oriental, y el Alto Egipto, de carácter más sobrio, desconocido y misterioso, abrazado a lo largo del río y con la mira puesta en sus remotas fuentes hacia el sur.

De igual forma, diferenciaban Kemet o Kemt, que significa literalmente *Tierra Negra*, en referencia al suelo fertilizado anualmente por las crecidas del Nilo junto al cual se levantaban sus pueblos y ciudades, de Deshret, que significa *Tierra Roja*, para describir las despobladas y desérticas arenas no regadas por el agua dulce.

De hecho, sin la existencia de este colosal cauce de agua es inconcebible no ya el desarrollo sino siquiera el nacimiento de cultura alguna, por primitiva que ella fuera, en un país que en su mayor parte es desierto. Heródoto, el historiador griego iniciado en los templos egipcios, definió el país con uno de sus apodos más conocidos: el don del Nilo.

Si viajamos mañana a Egipto, nos sorprenderá descubrir que sus actuales pobladores no se refieren a su propio país por estos nombres sino por el de Misr, una palabra árabe que significa *Tierra* y también *Fortaleza*. Hemos pasado de la fortaleza espiritual a la puramente física: buena metáfora de la decadencia de la antigua civilización.

Otro tanto sucede con los nombres de los dioses. Osiris es un nombre griego, pero aquéllos que le adoraron hace miles de años le llamaban Asar o Usir. No está muy clara la pronunciación porque se desconoce las vocales exactas que utilizaban los egipcios. De la misma forma, Isis era Asat o Eset, Neftis era Nebet het, Horus era Hor, Thot era Djehuty, Apofis era Apep, Min era Menulo...

Puede parecer algo irrelevante pero en los textos sagrados la correcta pronunciación de dioses y demonios, igual que la del resto de las palabras de la oración o el conjuro correspondiente, es la única manera de relacionarse con estas fuerzas sobrenaturales con ciertas garantías, tanto para invocar su protección como para lanzarlos contra los enemigos.

Como relata el Génesis, «*En principio era el Verbo*» y nuestros ancestros reconocían el poder de la palabra con costumbres tan peculiares como no revelar su verdadero nombre más que a las personas más próximas, en las que confiaban absolutamente. Por ello se hacían llamar por apodos, muchos de los cuales han devenido con el tiempo en nuestros actuales apellidos, pues conocer el nombre real de algo o de alguien equivale a adquirir poder sobre ello. Por esta razón, el dios de los judíos tiene 72 nombres diferentes, expresiones cada uno de ellos de sus distintas capacidades. Incluso en el cristianismo, mencionar al mismo Jesucristo fuera de los rituales eclesiásticos supuso durante mucho tiempo una blasfemia y por eso se convirtió en lugar común referirse a él como el Salvador..., que terminó siendo otro nombre de pila.

Para comprender este concepto con más facilidad, pensemos en una oración católica muy simple en la que cambiaremos el nombre de Jesús por el de José: "Joseíto de mi vida, eres niño como yo: por eso te quiero tanto y te doy mi corazón". ¿Qué niño católico creería que está rezando realmente a Jesús con esta pequeña alteración de un par de vocales que convierte Jesusito en Joseíto?

En Egipto sucedía exactamente igual. La mayoría de los dioses tampoco eran nombrados durante los rituales y ceremonias, si no era por sus títulos, sus talentos o sus privilegios y sólo los sacerdotes conocían los nombres exactos de cada una de las divinidades. De hecho conservamos una fórmula egipcia para referirse a distintas deidades en sus respectivos santuarios: «Aquél cuyo nombre permanece oculto».

Aún más, en sus mitos de la creación, la vida surge del caos primordial representado por el abismo de Nun cuando ella toma conciencia de sí misma y establece precisamente un diálogo con el propio Nun. Es este primer intercambio de palabras el que pone en marcha el proceso de la construcción del universo.

En otra de sus leyendas, es la diosa Neith quien crea el mundo con siete flechas que son, en realidad, siete palabras.

Al cambiarles el nombre a los dioses egipcios y rebautizarlos con su idioma, los griegos conseguían, pues, dos cosas desde el punto de vista metafísico. En primer lugar, despojarles de parte de su poder tanto a ellos como a los lugares donde vivían –ciudades, templos e incluso el país entero- al privarles de su existencia independiente original y, por tanto, aumentar así su influencia sobre ellos. Y en segundo y más importante lugar, adquirir dominio sobre las fuerzas que encarnaban al dotarles de una especie de «identidad espiritual griega» para ponerlas a su propia disposición. El ejemplo más obvio de esto es el dios de la Sabiduría, Djehuty, transformado con el tiempo en Thot y luego en Hermes.

La estrategia debió darles resultado, puesto que las circunstancias terminaron siéndoles tan propicias que, a partir de Ptolomeo, se impusieron como dueños y señores del país del Nilo.

¿Son entonces todos los nombres egipcios que conocemos traducciones griegas? No todos. Algunos, menos populares entre los griegos, lograron mantener sus denominaciones originales. Otros, los vieron alterados de nuevo, esta vez en tiempos más recientes y por culpa del inglés. Las expediciones europeas que redescubrieron el Antiguo Egipto a nivel popular a partir del siglo XIX fueron, en su mayor parte, protagonizadas por británicos. Eso significa que tanto los nombres griegos como sus originales egipcios fueron traducidos una vez más y, posteriormente, retraducidos a otros idiomas a partir del inglés. En cada paso, el poder de los dioses se deterioraba sucesivamente hasta desvanecerse como la gloria y la independencia del país...

Véase como ejemplo el de uno de los faraones más famosos de la Historia, no por los hechos de su corta vida, sino por los tesoros hallados en su tumba. Su nombre egipcio era Nebjeperu Ra Tut anj Amon. Los ingleses lo rebautizaron como Tutankhamon y los españoles, a los que en general siempre se les ha dado mal el idioma de Albión, lo convirtieron en Tutankamón, una palabra aguda –en lugar de la llana original– con *k* en lugar de *j* y obviando directamente la *h* –cuando el dígrafo *kh* empleado por ingleses y franceses es un sustituto para el sonido *j* que no existe en su idioma–.

Por tanto nosotros deberíamos hablar de Tutanjamon, no de Tutankamón. Y así será, al menos en este libro, con este nombre y con todos aquellos que incluyan una *kh* británica, que será sistemáticamente sustituida por *j*, como en anj –en lugar de ankh–, Ajenaton –en lugar de Akhenaton– o Jepri –en lugar de Khepri–, entre otras.

Las palabras son importantes, especialmente en un libro y sobre todo en uno como éste, en el que intentaremos evocar las fuerzas mitológicas del Antiguo Egipto para tratar de comprenderlas o, al menos, acercarnos a ellas.

Esta obra está compuesta de varios capítulos, el principal de los cuales es el diccionario propiamente dicho pero, antes de llegar al mismo, hemos incluido varios artículos previos que nos ayudarán a completar la aproximación hacia el pensamiento, la filosofía y la religión del Antiguo Egipto. El lector es muy libre de leerlos todos o ninguno, en el orden que prefiera, aunque como es obvio recomendamos seguir la estructura publicada.

Comenzamos con una historia muy resumida de los varios milenios de la historia egipcia antigua, con objeto de situar a los personajes históricos en su momento. A continuación se explican las distintas teologías que dominaron momentos diferentes de la religión egipcia, así como las principales claves y conceptos de su mitología y su ceremonial. Completaremos el cuadro con unas pinceladas del Egipto más misterioso, antes de pasar al diccionario.

Que Amón nos guíe, Isis nos proteja, Thot nos inspire y Horus nos ilumine.

CAPÍTULO 1

BREVE HISTORIA DEL ANTIGUO EGIPTO

Cuenta una leyenda grecoegipcia que Busiris fue el fundador de la gran ciudad de Tebas, la capital de Egipto durante el Imperio Medio y también el Nuevo. Pero Busiris era un faraón tiránico, hijo bastardo del dios Poseidón, y abusaba del poder como si fuera digno de él.

Tal vez para castigarle levantando al pueblo contra su persona, los dioses enviaron una hambruna que duró nueve de los años de su reinado. Consciente de que no podría seguir ejerciendo su despotismo mucho más tiempo si el pueblo se rebelaba por falta de alimento, recurrió a Frasius, un famoso adivino chipriota. Éste le aconsejó que cada año sacrificara a un extranjero: complacidos por la ofrenda de sangre, los dioses le perdonarían y levantarían el castigo.

Busiris no lo pensó dos veces y las buenas cosechas regresaron. A partir de entonces procedió a ejecutar a un forastero regularmente y el pueblo egipcio no volvió a padecer hambre.

Hasta que un día el elegido para sucumbir fue el mismísimo Herakles o Hércules. El semidiós griego había sido capturado cuando llegaba desde Libia, pero no se dejó conducir a la muerte como un borrego. Cuando se enteró de cuál sería su destino, se liberó de sus

La paleta de Narmer fue descubierta en el templo de Horus y actualmente se puede ver en el Museo Egipcio de El Cairo.

Pedro Pablo G. May

ataduras y terminó matando a sus verdugos, al propio faraón, a dos de sus hijos y a varios miembros de su corte.

No se puede decir que Busiris fuera, desde luego, un personaje popular entre los griegos, que le acusaban entre otras cosas de haber intentado secuestrar a las Hespérides y de haber expulsado a Proteo, el pastor encargado de las focas de Poseidón y del que, según algunos, era hijo. Proteo poseía los dones de metamorfosearse y de adivinar el futuro y había llegado a ser rey en Egipto pero Busiris le había destronado y expulsado.

El historiador romano Diodoro Sículo relacionó esta historia con el ritual real que durante determinada época exigía sacrificar anualmente a un hombre que se pareciera al dios Seth. A menudo, bastaba con que el infortunado fuera pelirrojo, como esta deidad. La sanguinaria ceremonia era una advertencia de los hombres a este dios para que no intentara volver a alterar la armonía cósmica como había hecho con el asesinato de Osiris, como veremos en un capítulo posterior.

Con el tiempo, Busiris acabó dando nombre a la ciudad capital del noveno nomo o región, ubicado en el Bajo Egipto en pleno delta del Nilo. Su nombre en este caso se traduce como *Morada de Osiris* y fue tan importante durante el período de la dinastía ptolemaica que los griegos la conocieron como Taposiris Magna. Los árabes la rebautizaron como Abusir.

La leyenda de Busiris habla de la fundación de Tebas. En realidad, de Uaset, pues éste es su nombre egipcio, siendo el de origen griego el más popular a día de hoy. Uaset significa *Ciudad de los uas* y el uas era el cetro de los dioses y los faraones: una vara de buen tamaño coronada con la cabeza de un animal no identificado –los estudiosos han propuesto varias opciones: desde un asno hasta un lebrel, pasando por un animal mítico– y una base bifurcada. Con el tiempo, Tebas recibiría el apelativo de *Ciudad de Amón*, uno de los principales dioses egipcios y cabeza de la llamada trinidad tebana, junto a las también divinidades Mut y Jonsu.

Las ruinas de la antigua ciudad han sido parcialmente desenterradas bajo las calles de la urbe moderna, llamada Luxor, y hoy constituyen uno de los destinos más destacados del turismo internacional. Se sabe que estaba habitada hace más de cinco mil años y que, en algún momento probablemente hacia el 1500 antes de Cristo, podría haber llegado a ser la población más grande del mundo con un censo

18

Luxor fue construida sobre la antigua Tebas, capital de Egipto en varios períodos de su historia.

de unos 75.000 habitantes, una distinción que se estima mantuvo al menos unos 600 años. De hecho, la *Ilíada* de Homero sugiere su esplendor al referirse a ella como Tebas la de las cien puertas, con lo que además la diferenciaba de Tebas la de las siete puertas, mucho más pequeña y pobre, ubicada en Beocia, en la Grecia central.

Tebas es un buen punto de referencia para acercarse a la filosofía y la religión del Antiguo Egipto, pues lo primero que hemos de comprender es que estamos hablando de una civilización que, aunque a lo largo de sucesivos y diferentes períodos, disfrutó de miles de años de continuidad histórica ininterrumpida como ninguna otra que conozcamos haya dispuesto jamás.

Sus hechos, sus mitos, sus aspiraciones, sus ideas…, impregnan nuestro mundo contemporáneo por más que parezcan muy lejanos. Aunque hay aspectos concretos que no terminamos de entender acerca de su cultura, los antiguos griegos –sus hijos y también sus intérpretes, los que conservaron para nosotros mucho de la riqueza original de la civilización egipcia y a su vez la legaron a los pueblos que les sucedieron a ellos, empezando por los romanos- supieron conservarla, aun a menudo tergiversada.

Antes de profundizar en la mitología de los egipcios, conviene echar un breve vistazo a la larga historia de este país para ayudarnos a entender su evolución.

Del Período Predinástico al Período Arcaico o Tinita

Sin entrar en el debate acerca de los orígenes míticos de los egipcios o al menos de algunas de sus obras, cuya verdadera antigüedad plantea serias dudas, los historiadores están de acuerdo en que existen huellas de presencia humana en el valle del Nilo desde al menos el año 12000 antes de Cristo: cazadores nómadas con herramientas de piedra que, además de buenos pescadores, mariscadores y tramperos de aves, eran capaces de cazar desde antílopes hasta hipopótamos.

Hacia el 5200 antes de Cristo una nueva oleada de pobladores más avanzados que llegaron desde el oeste se estableció alrededor del oasis de El Fayum de manera pacífica. Traían consigo el conocimiento para construir granjas, en las que no sólo cultivaban cebada, trigo y lino sino que además cuidaban de ganado: vacas, ovejas, cabras y cerdos. Poco a poco, los occidentales fueron compartiendo sus habilidades entre sus vecinos y éstas fueron extendiéndose hacia el sur, a lo largo de las riberas del Nilo.

Vasijas del Período Arcaico o Tinita.

Sobre el año 4000 antes de Cristo, aparecen las primeras muestras de cerámica y de casas permanentes. Es la cultura llamada de Naqada o Nagada, nombre de una ciudad próxima a Tebas, que más tarde fue conocida como Nubt o *Ciudad de oro*, debido a la proximidad de las minas del metal dorado ubicadas en el desierto oriental. Los griegos la rebautizaron Ombo y nosotros la conocemos hoy como Kom Ombo. En esta época, la creencia en la vida después de la muerte ya era corriente pues los arqueólogos han desenterrado restos humanos que fueron sepultados junto con comida y utensilios para afrontar la vida en el Más Allá.

Hacia el 3600 antes de Cristo surge la denominada cultura de Nagada II, una evolución de la primera. Con ella, se alzan las primeras ciudades Estado y los signos precursores de lo que será la escritura jeroglífica. Las jerarquías sociales son impuestas con claridad, se intensifica el comercio, se construye los primeros templos y las crecidas del Nilo son aprovechadas adecuadamente con canales de irrigación para mejorar las cosechas. Los egipcios abandonan definitivamente la organización tribal y las comunidades empiezan a agruparse en territorios administrativos que pronto serán conocidos con el nombre de nomos.

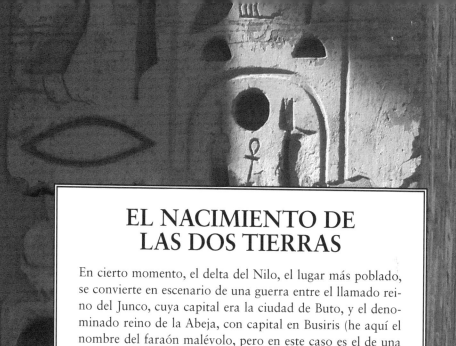

EL NACIMIENTO DE LAS DOS TIERRAS

En cierto momento, el delta del Nilo, el lugar más poblado, se convierte en escenario de una guerra entre el llamado reino del Junco, cuya capital era la ciudad de Buto, y el denominado reino de la Abeja, con capital en Busiris (he aquí el nombre del faraón malévolo, pero en este caso es el de una ciudad). La victoria del reino de la Abeja supuso la unificación del territorio del delta y el embrión de lo que más tarde constituiría el Bajo Egipto, que llegó a contar con 20 nomos.

Los vencidos que no quisieron someterse huyeron hacia el sur. Allí establecieron nuevas ciudades, que también prosperaron y cuya unión terminaría conformando el Alto Egipto, con otros 22 nomos.

Todo este tiempo es conocido como el Período Predinástico. La I dinastía del Antiguo Egipto surge más o menos hacia el año 3100 antes de Cristo con la unificación definitiva del país a manos del primero de los faraones, conocido según las fuentes como Menes o como Narmer, aunque hay diversas teorías sobre si fueron o no la misma persona.

En cualquier caso, este primer faraón fue el rey de la ciudad de Tis, que los griegos llamaron Tinis y de donde viene la denominación del Período Tinita. La ubicación exacta de esta población se desconoce aunque se sabe que estaba cerca de Abidos, en el Alto Egipto, así que en cierto modo este monarca protagonizó la revancha del reino del Junco al someter bajo su poder a todo el país.

El Período Tinita abarca sólo dos dinastías, pero supuso un avance importante para el país ya unificado: comenzaron los grandes trabajos arquitectónicos, el papel de papiro se manufacturó por vez primera y empezó a utilizarse para escribir jeroglíficos, se conquistó Nubia, las artes se desarrollaron como nunca antes incluyendo la joyería y la ebanistería…

El Imperio Antiguo

El Imperio o Reino Antiguo arranca hacia el 2686 antes de Cristo e incluye de la III a la VI dinastías. Su primer faraón popular es Djser, que significa *Sublime* y que, por un error de transcripción, es conocido en diversos textos actuales como Zoser.

Djeser trasladó la capital de Egipto desde Tis hasta Menfis, que se convertiría así en la ciudad más importante de aquella época. Gran parte de la fama que adquirió como rey la debe al buen hacer de su *tiati* –primer funcionario del Estado tras el faraón, una especie de visir– Imutes o, en griego, Imhotep,

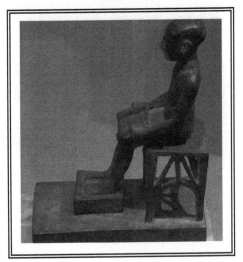

Representación del sabio Imhotep al que se le atribuye el diseño de la pirámide de Sakkara.

cuyo nombre significa *El que viene en paz*. Imhotep fue muy alabado por su sabiduría en diversos campos, desde la medicina hasta las matemáticas o la ingeniería y a él se atribuye el diseño de la celebérrima pirámide escalonada de Sakkara, que luce el título de primer gran complejo monumental en piedra de Egipto.

En la IV dinastía nos encontramos con los tres faraones famosos por sus respectivas pirámides ubicadas en la explanada de Guiza, aunque distintos estudios han puesto en tela de juicio que estas inmensas moles de piedra fueran levantadas en su época y bajo su dirección y, desde luego, simplemente a base de cuerdas, trineos de madera y latigazos, técnicas completamente ineficaces para esta monumental labor. Se trata de Keops, Kefren y Mikerinos..., aunque todos ellos son también nombres griegos. En realidad se llamaban Jufu, Jafra y Menkaura, respectivamente y fueron abuelo, padre y nieto.

En la V dinastía, el dios del Sol, Ra, se convirtió en el más importante del panteón egipcio, por lo que los sacerdotes de su ciudad, Heliópolis –Iunu, en egipcio– adquirieron notable influencia. De hecho, el faraón Userkaf ascendió al trono con su apoyo y, en agradecimiento, les recompensó con tierras y bienes pero también con una decisión crucial que cambiaría el estatus del rey egipcio para siempre. Hasta su reinado, el faraón era una encarnación viviente de Ra, un dios él mismo. A partir de él, sería un Hijo de Ra. De esta manera, el rey dejó de figurar en solitario en lo más alto de la pirámide del poder ya que empezó a compartirlo con la casta sacerdotal, que gradualmente ganaría más y más influencia hasta superar de facto la del monarca.

A pesar de la importancia del factor religioso en la sociedad egipcia, ésta no estaba dividida entre un faraón despótico y agresivo al mando de unos guerreros despiadados por un lado y una gran masa de esclavos hebreos por otro lado, como muestran tantas veces las películas de Hollywood, tan desnortadas en este período histórico como en casi todos los demás cuando pretenden describir la vida en épocas pasadas.

En realidad, el poder del monarca estaba atemperado por una clase funcionarial en general eficaz y unas leyes que conferían estabilidad social y, entre otras cosas, garantizaban la propiedad privada al pueblo llano. Además, cualquier egipcio con aspiraciones y formación podía ascender socialmente e incluso, si accedía a un cargo de importancia, convertirlo en hereditario para su descendencia. Y no sólo ellos. La historia bíblica de José, el hijo de Jacob, y de sus hermanos (que por envidia le vendieron como esclavo a los egipcios, pese a lo cual José logró alcanzar la categoría de tiati gracias a su interpretación del sueño de las siete vacas gordas y las siete vacas flacas así como a su habilidad como administrador, lo que salvó de la hambruna a Egipto) simboliza, más allá de su veracidad, cómo los faraones buscaron siempre rodearse de gentes competentes para cuidar de su reino, con independencia de dónde exactamente hubieran nacido sus súbditos.

Ya entonces las ciudades habían asumido el papel de centros culturales, comerciales y religiosos del país, aunque la base de la economía seguían siendo las actividades primarias de agricultura y ganadería, organizadas en las zonas rurales.

Este período histórico terminó por una acumulación de catástrofes: a una gestión negligente de los recursos del Estado y una serie de agrias disputas entre los ambiciosos nomarcas y caciques locales se sumó una creciente vulnerabilidad ante los enemigos exteriores, con invasiones de pueblos asiáticos incluidas, y una fuerte y larga sequía en las fuentes del Nilo que redujo las necesarias inundaciones anuales, con la consiguiente disminución de alimentos. Tras varios decenios de disturbios, Egipto colapsó.

Del Primer Período Intermedio al Imperio Medio

El llamado Primer Período Intermedio abarca las dinastías VII, VIII, IX, X y XI, a partir del 2190 después de Cristo. Pepy II fue el último de los faraones de la VI dinastía y su gobierno, de casi 90 años según los cronicones, fue uno de los más longevos pero también de los más desastrosos a tenor del caos en el que estaba sumido Egipto al fallecer el faraón. Ello provocó lo que ha sido descrito como la primera revolución social documentada históricamente.

El desorden y la anarquía produjo una rápida sucesión de faraones en el trono de Menfis: el historiador grecoegipcio Manetón llegó a escribir que en un período de 70 días se sucedieron 70 reyes diferentes. El dato parece muy exagerado pero es un resumen explícito de la confusión del momento. Los gobernantes llegaban a veces al poder mediante un golpe de Estado, aunque luego eran incapaces de ejercerlo por la fragmentación del país, la insuficiencia de tropas y las constantes disputas y desavenencias entre las distintas administraciones de los reyezuelos locales que deshacían la coherencia y el orden.

La desorganización de estos años generó también algunas transformaciones sociales, incluyendo un cambio de mentalidad importante. Durante los siglos anteriores, el faraón había sido considerado un verdadero dios, el único en Egipto, y por tanto sólo él tenía el derecho a vivir eternamente. Ahora, los nomarcas se consideraban a su altura y por tanto con derecho a reclamar también la existencia después de la muerte. Y si los nomarcas podían, ¿por qué no otros funcionarios, empezando por los propios sacerdotes, que tan cerca estaban de los dioses a diario? ¿Por qué no, al fin y al cabo, el resto de la sociedad?

De pronto, la inmortalidad estaba al alcance de todos: ricos y pobres. Es en este momento cuando Osiris comienza a adquirir una enorme popularidad. Antes había sido un dios funerario exclusivo para la realeza y ahora cualquiera podía, tras su muerte, pedir ser llevado a juicio ante él para tener opción de acceder a la vida eterna.

A mediados de la dinastía XI, hacia el 2060 antes de Cristo, el faraón Mentuhotep II –cuyo nombre significa *Montu está satisfecho* y deja claro cuál era su dios favorito- logró reunificar por la fuerza todo Egipto. Con su ejército, redujo a los nomarcas rebeldes, expulsó a los invasores asiáticos que se aposentaban en el delta del Nilo, restableció y protegió las fronteras

Osiris comienza a adquirir popularidad al comienzo del Imperio Medio.

y las rutas comerciales e impuso la paz, que trajo consigo la prosperidad económica y el desahogo social.

Mentuhotep reinaba en Tebas, así que trasladó allí por primera vez la capital. Desde su ciudad, impuso una política centralizadora y organizada que, entre otras cosas, incluía la recuperación de la figura política del tiati así como la de los inspectores reales. También creó otros cargos de confianza para reforzar la administración, como el de Gobernador del Norte, el del Sur y el de los Desiertos del Este.

Así nacía la época del Imperio Medio.

Durante estos años, las Dos Tierras volvieron a ser una sola y Egipto se recuperó de tal manera que se permitió organizar sus propias expediciones de invasión, en este caso hacia el sur. Así, los faraones reforzaron las campañas contra los nubios, con objeto de acceder a las minas de oro, cobre y piedras preciosas en el reino de Kush. Allí se construyeron fortalezas y colonias para asegurar la presencia egipcia.

También de esta época es el considerado como uno de los textos más importantes de la antigua literatura egipcia: *El relato de Sinuhé*, en el que mucho tiempo después se inspiraría el escritor finlandés Mika Waltari para escribir, en 1945, su novela *Sinuhé el egipcio*, que traslada la historia original a la época del faraón Ajenaton.

Desde el punto de vista religioso, la deidad más beneficiada en este momento es Amón, el dios tutelar de Tebas, cuyo poder, y el de sus sacerdotes, crece en paralelo con el de la nueva capital.

Del Segundo Período Intermedio al Imperio Nuevo

Esta etapa incluye las dinastías XII, XIII, XIV, XV, XVI y XVII y se caracteriza por las invasiones de pueblos foráneos a partir del 1640 antes de Cristo.

De nuevo el poder se fragmentó, con una realeza debilitada y nuevas guerras civiles entre los nomos. El desorden fue aprovechado especialmente por un pueblo belicoso al que los egipcios llamaron *Heqa Jasut*, literalmente *Soberanos de tierras extranjeras*, y al que los griegos rebautizaron como *hicsos*.

EL ENIGMA DE LOS HICSOS

El origen de los hicsos es un tanto confuso, aunque se sabe que eran semitas y procedían de la zona de Siria y Canaán. Habían ido emigrando poco a poco atraídos por las fértiles riberas egipcias y, al constatar la debilidad del poder político local, decidieron tomar el país por la fuerza. Usaban armas nuevas: espadas y dagas de bronce, arcos compuestos, armaduras, caballos y carros de guerra. Poco pudo hacer contra ellas el desmotivado ejército egipcio, integrado sólo por infantes armados de lanzas y hachas.

Finalmente, impusieron como rey a su caudillo Salitis, que volvió a fijar la capital en Menfis, alrededor de la cual disponía del grueso de su ejército. Desde allí exigió tributos tanto al Bajo como al Alto Egipto.

Los hicsos gobernaron durante más de cien años, sobre todo en el norte y el centro del país, tiempo durante el cual importaron su cultura y sus intereses. Así, popularizaron instrumentos musicales nuevos como el laúd y la lira, promovieron el uso del telar vertical y militarizaron la sociedad: Egipto se volvió más agresivo hacia sus vecinos, manteniendo un ejército regular permanente que impulsaba los intereses imperiales de los nuevos faraones asiáticos.

Es de nuevo en Tebas, la gran ciudad del Alto Egipto, donde comienza la reacción contra los reyes extranjeros gracias a los integrantes de la dinastía XVII, que mezclaron nacionalismo con religión para conspirar y finalmente motivar a los rebeldes a la lucha. La «guerra de liberación» fue liderada sobre todo por los últimos dos faraones de esta dinastía: Seqenenra y Kamose.

Seqenenra la inició tras la exigencia del rey hicso de sacrificar a los hipopótamos sagrados pues decía que hacían demasiado ruido y no le dejaban dormir. Se hizo coronar faraón, organizó un ejército importante y consiguió varias victorias, antes de ser derrotado y muerto en batalla. Elevado a la categoría de héroe, momificado y enterrado en la necrópolis real, su cadáver inspiró mayor determinación a los sublevados. Su hermano menor –o quizá su hijo primogénito, este dato no está confirmado– Kamose continuó la guerra y logró recuperar numerosas ciudades, incluyendo la propia Menfis. Los hicsos, retrocediendo, pidieron ayuda a los nubios, que se habían independizado en el sur, con la idea de atrapar a Tebas entre dos fuegos. Pese a ello, los egipcios siguieron llevando la iniciativa.

Kamose falleció durante el asedio de la ciudad de Avaris, en el este del delta, que los hicsos habían establecido como su nueva capital. Con sólo diez años de edad, le sucedió su sobrino –o su hermano menor, si ambos fueron hijos de Seqenenra– Ahmose o Amosis I. Bien aconsejado y guia-

Amosis I, el faraón que expulsó a los hicsos para reunificar Egipto y dar así comienzo al Imperio Nuevo.

do por su madre, la regente Ahhotep y su círculo de confianza, durante su reinado terminó de expulsar a los hicsos y llegó a perseguirlos hasta Palestina.

Amosis I reunificó Egipto restaurando el gobierno de Tebas sobre todo el territorio. También recuperó Nubia y Canaán, conquistas que se habían perdido por la debilidad de los faraones de dinastías precedentes. Reorganizó la administración, reabrió minas y rutas de comercio y puso en marcha grandes obras para reconstruir el país devastado por la guerra. Por todo ello, con él comienza la XVIII dinastía y, con ella, el Imperio Nuevo, formalmente a partir del 1550 antes de Cristo.

El dios Amón adquiere aquí de nuevo preeminencia pues, al ser la principal divinidad de Tebas, fue identificado con el patriotismo y el orgullo egipcios. El complejo de templos de Karnak eclipsó en magnificencia y riqueza a la menguada influencia de Heliópolis.

Existe una hipótesis muy interesante sobre Amosis y los hicsos y es la que identifica a este faraón con aquél que según la Biblia se enfrentó a Moisés. Ampliaremos este dato en un capítulo posterior.

El Imperio Nuevo está compuesto por las dinastías XVIII, XIX y XX, que en un principio continuaron la senda militar marcada por Amosis, con un ejército de veteranos bien organizado y equipado. Su hijo Amenhotep o Amenofis extendió las fronteras aún más allá y su sucesor Tutmose o Tutmosis llegó hasta el río Éufrates.

Estas campañas bélicas generaron abundantes tributos y permitieron una expansión de la economía egipcia nunca vista hasta entonces, a la cual ayudó la explotación de minas de oro, diorita, turquesa, cobre, pórfido, alabastro y otros materiales. Egipto se convirtió en la potencia más importante y rica del Mediterráneo oriental.

En esta época surgen faraones muy conocidos..., y faraonas, como Hathshepsut, la mujer que más tiempo se sentó en el trono. Hija única de Tutmosis I, se alzó con el poder apoyada por el sacerdocio de Amón y su gobierno incluyó, entre otras políticas, media docena de incursiones militares y una expedición al legendario país de Punt, de incierta ubicación aunque se cree que pudiera estar en la actual Somalia, en busca de incienso y mirra.

Éste es también el momento de Amenthotep IV, que cambió su nombre por Ajenaton y protagonizó una de las mayores revoluciones religiosas de la antigüedad tras enfrentarse con el por entonces corrupto sacerdocio de Amón y consagrarse públicamente a un solo

dios: Atón, el espíritu del Sol. En su honor construyó una nueva capital en muy pocos años, Ajetaton, en lo que hoy es Tell el Amarna, a donde llevó la corte y desde donde impuso y condujo nuevos rituales en compañía de su bella esposa Nefertiti.

Es éste uno de los períodos más originales e interesantes del Antiguo Egipto pero no duró mucho: Ajenaton estaba más interesado en el amor, la religión, la filosofía y el arte que en la administración del Estado, que dejó sobre todo en manos de su visir Ay y su general Horemheb. El resultado fue de nuevo el caos interior y la pérdida de influencia exterior con la amenaza de nuevas invasiones extranjeras.

A su muerte, en circunstancias no aclaradas, Ajenaton fue sucedido por el enigmático Semenejkara, del que poco o nada se sabe, aunque una de las teorías más defendidas a día de hoy es que éste no fuera el nombre de un faraón sino un título empleado por la misma Nefertiti, que mantuvo así el poder hasta que finalmente pasó a su hijo Tutanjaton. Éste ascendió al trono pero tuvo una vida corta, en el curso de la cual no sólo se vio forzado a volver a instalar la capital en Tebas sino a cambiar su nombre por el de Tutanjamon volviendo así al redil de la religión de Amón. Tras su desaparición, se instaló en el trono la dinastía de los Ramésidas.

Mientras tanto, se consolidaba la nueva amenaza sobre el país del Nilo: el ascenso de Hatti, el reino de los hititas instalados en Anatolia, cuyos avances y conquistas hacia el sur terminaron por hacerles entrechocar sus armas con las egipcias. La batalla más conocida entre ambos imperios fue la de Kadesh, en la que el faraón Ramsés II se enfrentó al rey hitita Muwatalli II. Cada parte interpretó el resultado de la misma como una victoria, por lo que los historiadores tienden a pensar que terminó con un empate o, si acaso, con la victoria pírrica de alguno de los dos bandos, lo que a la postre no provocó cambios en la situación geopolítica. Más tarde se sellaría la paz, a la que los hititas se vieron forzados para enfrentar otro peligro: la expansión del reino de Asiria, un nuevo actor en el tablero internacional.

El incierto resultado de la batalla de Kadesh ayudó a que egipcios e hititas optaran por firmar la paz en lugar de continuar guerreando.

Ramsés II llevó de nuevo la capital al norte y la instaló en el delta, pero no en Menfis sino en la ciudad de Per Ramsés o Pi Ramsés, cerca de Avaris. Además construyó o restauró numerosos templos en todo Egipto, incluyendo el de Abu Simbel en Nubia, levantado en su honor. Murió tras 66 años de reinado, el segundo más largo de la historia de Egipto.

De nuevo una combinación de desastres amenazó la estabilidad, con la subida al trono de varios faraones débiles, los problemas generados por una serie de malas cosechas, la decadencia del comercio internacional, la aparición de los misteriosos Pueblos del Mar que causaron estragos en el Mediterráneo Oriental y el aumento general de la pobreza.

De esta época se conserva noticia de la primera huelga de la historia: la que protagonizaron los artesanos de un templo de Tebas, reclamando que sus raciones de comida fueran más abundantes.

El factor que terminó de desequilibrar la situación fue la llamada Guerra de los Impuros, entre los seguidores tebanos de Amón y los heliopolitanos de Seth apoyados por mercenarios asiáticos, durante el reinado de Ramsés XI.

El conflicto se resolvió a favor de Tebas gracias a las tropas de mercenarios libios comandadas por el general Herihor y su pariente Esmendes, ambos libios. A la muerte de Ramsés XI, se repartieron el poder y mientras Herihor permaneció al frente del Alto Egipto en calidad de sumo sacerdote de Amón, Esmendes se proclamó faraón en el

Bajo Egipto. Nubia aprovechó para independizarse definitivamente. De nuevo, el país se disgregaba.

El Tercer Período Intermedio y el Período Tardío

Esta época comienza hacia 1070 antes de Cristo y comprende las dinastías XXI, XXII, XXIII, XXIV y XXV, siendo las cuatro primeras de origen libio y la quinta y última, nubia.

Por entonces, la inestabilidad se había generalizado en el Mediterráneo Oriental. Numerosas ciudades de la zona habían entrado en decadencia mientras otras cobraban importancia, como las fenicias, que empezaron a extender su influencia comercial, o las judías, que se establecieron primero en torno al reino de Israel y, tras la muerte del rey Salomón, en dos diferentes: el de Israel en el norte y el de Judá con capital en Jerusalén en el sur.

En esta tesitura, Egipto se hallaba una vez más dividido, con un Estado en el Bajo Egipto, ahora con capital en Tanis, y otro en el Alto Egipto, en la vieja Tebas. En ambos casos, las dinastías reinantes eran de origen libio. Aún así fue un momento de relativa tranquilidad y, aunque unidades políticas independientes, los matrimonios entre los herederos del norte y del sur no eran infrecuentes.

Sheshonq I, el primer faraón de la dinastía XXII, fue el más importante en este momento. Saqueó los dos reinos judíos y cerró un acuerdo comercial con la ciudad fenicia de Biblos. De esta manera la prosperidad regresó al Bajo Egipto. Pero durante los siguientes años hubo nuevas divisiones territoriales en el delta que complicaron la situación.

Mientras tanto, en el Alto Egipto, los nubios empezaron a expandirse hacia el norte. Su rey Pije conquistó sucesivos territorios egipcios hasta llegar a la misma Menfis. Su hermano Shabako terminó la conquista de todo el país del Nilo y así se instaló la XXV dinastía o dinastía kushita, la de los llamados «faraones negros».

Las Dos Tierras volvían a estar unidas, pero

continuaban bajo dominio extranjero. Los nubios gobernaron en Egipto y Nubia al mismo tiempo durante cerca de un siglo. Entonces llegaron los asirios.

Recordemos que Asiria había sido la razón por la cual los hititas decidieron, en tiempos de Ramsés II, firmar la paz con los egipcios y forjar una alianza que limitó el expansionismo de ambos imperios a cambio de garantizarles una coexistencia próspera. Desde entonces, los asirios habían continuado fortaleciéndose y conquistando territorios, incluyendo los de los arameos y los judíos.

Ahora, el rey asirio Asarhaddon se presentaba personalmente al frente de su ejército en el país de las pirámides. Tras conquistar Menfis con sus tropas, el faraón nubio Taharqo huyó a Tebas de una forma un tanto ignominiosa, abandonando aterrorizado tanto a su familia como a su corte.

Satisfecho con el resultado de su campaña, Asarhaddon impuso gobernadores locales y regresó a Asiria. Su sucesor Asurbanipal llegó mucho más lejos y conquistó casi todo Egipto. Pero los nubios no se rindieron: Tenutamon, su nuevo rey, consiguió recuperar Tebas y todos los territorios del sur. Llegó a atacar Menfis. Asurbanipal reaccionó, lanzó una nueva campaña, derrotó a Tenutamon y saqueó Tebas.

Lo malo de tener un imperio es que es preciso atender a multitud de frentes. Asurbanipal no pudo celebrar demasiado sus exitosas campañas en Egipto porque surgieron rebeliones en Babilonia y Elam y se vio obligado a movilizar sus tropas hacia el norte, dejando el país del Nilo bajo el control de varios príncipes vasallos.

Uno de estos príncipes era Psamético I, gobernador de la ciudad de Sais, en el delta. Con astucia y paciencia, tomó el control poco a poco de todo el país y, tras reunir a un ejército de mercenarios, expulsó a los asirios que quedaban dentro de sus fronteras. Luego, construyó una armada respetable y también una flota comercial de cierta importancia y reabrió los intercambios económicos con sus vecinos, en especial con los fenicios.

Tras reunificar de nuevo el país entero, Psamético fundó la dinastía XXVI y, con ella dio comienzo al Período Tardío o Baja Época en el 661 antes de Cristo. Esta etapa comprende las dinastías XXVI, XXVII, XXVIII, XXIX, XXX y XXXI.

Con el poder irradiando otra vez desde el Bajo Egipto, los años siguientes fueron de una prosperidad económica que los egipcios llevaban tiempo sin disfrutar. Exportaban productos como trigo, papiro y lino en grandes cantidades y afrontaban ambiciosos proyectos no siempre culminados con éxito, como el intento de construcción de un canal desde el Nilo al mar Rojo. Es un momento también de revitalización religiosa, con el ascenso de dioses como Apis en Menfis o Neith en Sais.

En el exterior, surgían nuevos conflictos internacionales que implicaban a actores muy diferentes: los caldeos, los babilonios, los judíos, los griegos…, además de los habituales kushitas y libios. Este movimiento de gentes llenó el país de extranjeros, muchos de los cuales disponían de privilegios superiores a los de los propios egipcios, en atención a sus aportaciones comerciales. Esta situación generó malestar popular y algunos enfrentamientos.

Como la Historia no se detiene, una nueva fuerza amaneció entonces en el Este: el imperio persa aqueménida, fundado por Ciro II el Grande. Su hijo Cambises II derrotó al último faraón de la dinastía XXVI, Psamético III, quien apenas reinó unos meses, y conquistó Egipto.

Los egipcios intentaron rebelarse a la dominación persa en varias ocasiones, pero sus levantamientos fueron sofocados una y otra vez. No obstante, el grueso del ejército persa estaba empeñado en el anhelo de conquista de Grecia, en un conflicto conocido como las Guerras Médicas, que nos ha dejado nombres de batallas épicas como Maratón, Termópilas, Salamina o Platea.

La batalla de Maratón fue la primera gran victoria griega frente a los persas en las Guerras Médicas.

La derrota final de los persas ante los griegos alentó un nuevo alzamiento en Egipto. Liderados por Amirteo de la ciudad de Sais, los egipcios vencieron a sus invasores durante el comienzo del reinado de Artajerjes II. La independencia no duró mucho: apenas 60 años, antes de que los persas volvieran a invadir y controlar el país de la mano de Artajerjes III.

Menos de diez años después, la fuerza de los persas se deshizo ante la aparición de uno de los mejores generales de la Historia de la guerra: Alejandro Magno.

El Período Grecorromano

Alejandro Magno se convirtió en faraón de Egipto en el año 332 antes de Cristo, durante la larguísima y triunfal campaña que le llevó hasta el Valle del Indo. Comienza así la etapa helenística, primera parte del Período Grecorromano, que supuso el definitivo principio del fin del Antiguo Egipto. A petición de un grupo de notables egipcios, que acudieron a pedirle ayuda para que liberara su país del yugo persa, el gran conquistador macedonio procedió en consecuencia..., y tras derrotar a los persas colocó sobre ellos el yugo griego.

En un principio llegó al país como libertador, respetó la religión y las costumbres locales e incluso pasó por algún tipo de proceso iniciático relacionado con el dios Amón en el oasis de Siwa. En el delta del Nilo mandó construir una ciudad llamada como él y fue –y sigue siendo– la Alejandría más famosa del aproximadamente medio centenar de urbes que fundó con su propio nombre en el extenso imperio que conquistó.

A su temprana muerte, sus generales o diádocos –literalmente, *Sucesores*– se disputaron este imperio y terminaron troceándolo. El noble macedonio Ptolomeo, amigo de la infancia de Alejandro y uno de sus hombres de confianza –según algunas hipótesis, su hermanastro mayor– se convirtió en el nuevo rey de Egipto y, coronado como faraón, instauró la dinastía ptolemaica o lágida con el nombre de Ptolomeo I Soter –*Salvador*–. Todos sus sucesores adoptarían el mismo nombre.

LA INFLUENCIA DE
PTOLOMEO

Ptolomeo consiguió asegurar el dominio de su nuevo reino pese a las ambiciones de sus antiguos compañeros bajo los estandartes de Alejandro Magno y ahora rivales. Se ganó al pueblo egipcio asumiendo públicamente la vestimenta, costumbres y ritos locales y, sobre todo, reorganizando el país del Nilo con una administración coherente y eficaz tras la pésima última etapa de gobierno persa.

Sabedor del conocimiento acumulado en los templos egipcios, mandó construir la famosa Biblioteca de Alejandría para reunir allí todo el saber que se guardaba desperdigado en estos santuarios. También inició las obras del Faro que se convertiría en una de las siete maravillas del mundo antiguo. Además, fomentó la influencia mutua entre las culturas egipcia y helenística, instaurando por ejemplo el culto a Serapis: un dios a medio camino entre ambas, con santuario propio en la misma Alejandría.

Todo parecía indicar que Egipto estaba abocado a una nueva y larga época de prosperidad pero los buenos augurios se torcieron apenas unos cien años después a raíz de la subida al trono de Ptolomeo IV, descrito por los antiguos historiadores griegos como un hombre corrupto, dado al lujo y débil de carácter.

A partir de entonces, la situación se complicó debido a los conflictos internacionales, los enfrentamientos familiares por el poder y las rebeliones internas. La dinastía ptolemaica había impuesto una fuerte centralización y control del país, con empadronamientos, catastros y una agobiante planificación incluso de las cosechas que debían plantarse, todo ello dirigido por funcionarios griegos. Además, había confiscado todas las tierras sin compensación alguna y muchos egipcios fueron obligados a trabajar como siervos en sus antiguas propiedades, con unos impuestos muy elevados y sangrientos castigos para quien intentara oponerse, pese a lo cual las revueltas populares se sucedieron.

Hacia el año 65 antes de Cristo, un nuevo y poderoso protagonista mostró a las claras sus intenciones: Roma, que buscaba la anexión de Egipto y finalmente la consiguió gracias a las tropas del cónsul y general Cneo Pompeyo y los sobornos a su entonces colega Julio César. Pocos años más tarde, tanto Egipto como Roma se vieron abocados a la guerra civil. En el primer caso, por la disputa entre Ptolomeo XIII Teo Filópator y su hermana Cleopatra VII y, en  el segundo, por el enfrentamiento entre Pompeyo y César.

Apoyada por César, que había derrotado a Pompeyo en la batalla de Farsalia, Cleopatra fue proclamada reina junto a otro de sus hermanos, Ptolomeo XIV Filópator II en el año 48 antes de Cristo y se echó en brazos de su protector. Fruto de esta relación fue el nacimiento de quien debía reinar como Ptolomeo XV, aunque fue popularmente conocido como Cesarión: el pequeño César.

Cleopatra visitó Roma en dos ocasiones y durante la segunda se produjo el asesinato de su amante, que había traicionado los principios de la república romana instituyéndose a sí mismo como dictador. Tras el apuñalamiento de César en el Senado, la reina egipcia y su hijo huyeron a Egipto, donde ella ejecutó a su hermano y adjuntó luego al trono a Cesarión.

Entre tanto, Marco Antonio –mano derecha de César– y Cayo Octavio –sobrino de éste último– enfrentaban y derrotaban a los republicanos sin apoyo egipcio. Luego, Marco Antonio viajó para reunirse con Cleopatra y ella le sedujo como antes lo había hecho con Julio César, si bien con una mayor carga pasional. Se casaron, tuvieron tres hijos y vivieron una vida de lujos en la que el romano se permitió regalar a su esposa varios territorios bajo administración romana.

Las relaciones entre Octavio y Marco Antonio empeoraron con rapidez y desembocaron en una guerra abierta en la que el primero consiguió la victoria decisiva en la batalla naval de Actio en el año 31 antes de Cristo. La derrota egipcia fue propiciada por el miedo de Cleopatra, que mandó huir del combate al capitán de su navío cuando éste fue amenazado por las galeras romanas. Marco Antonio fue tras ella y su flota quedó sin mando efectivo. Marco Antonio se suicidó y Cleopatra haría lo mismo poco después, según la leyenda, dejándose morder por un áspid. Octavio anexionó Egipto como provincia romana y, poco tiempo después fue proclamado por el Senado primer emperador de la antigua Roma, con el nombre de César Augusto.

La etapa romana relegó a Egipto a un papel discreto, cuyo mayor mérito fue convertirse en el más importante suministrador de trigo para el imperio, bajo el estricto control de funcionarios romanos. Aunque en un primer momento, la población en general vivió de nuevo algunos momentos de tranquilidad y prosperidad, ajena a los grandes problemas internacionales, el país no estuvo exento de situaciones de riesgo puntuales como los conflictos religiosos entre griegos y judíos o las rebeliones por las subidas de impuestos. A ello se sumó un fenómeno nuevo: la aparición del cristianismo, una religión protagonizada por un galileo martirizado y crucificado que ofrecía la vida eterna por igual a pobres y ricos y que se extendió con rapidez.

Alejandría, entonces la ciudad principal y mejor conectada con el resto del mundo y en la que existía una importante colonia judía, fue el principal foco irradiador de la nueva fe.

La gran biblioteca de Alejandría fue destruida al menos tres veces: por los legionarios romanos de Julio César, los fanáticos judeocristianos del obispo Teófilo y los guerreros musulmanes del califa Omar.

Se cree que el Patriarcado de la ciudad, la primera institución de la Iglesia en Egipto, fue establecido por Marcos, el evangelista, hacia el año 40 después de Cristo y, aunque en un primer momento casi todos sus integrantes eran judíos residentes, pronto los egipcios comenzaron a convertirse e incluso asumieron el símbolo de la cruz para representar la nueva religión, además de instituir el monacato y promover la retirada ascética del mundo de ermitaños y anacoretas.

De la misma palabra griega para definir a Egipto deriva el término *kuptios* o *copto*, que es como se conoce hasta el día de hoy a los cristianos egipcios pero también a su idioma, que desciende del antiguo demótico y que se convirtió en lengua litúrgica. La comunidad alejandrina se desarrolló con notables influencias místicas del gnosticismo y de la propia religión egipcia, lo que motivó la aparición y difusión de corrientes de pensamiento al margen de la ortodoxia como el arrianismo o el maniqueísmo que generaron importantes conflictos teológicos en los siglos iniciales del cristianismo.

En 380 después de Cristo, el emperador romano Teodosio el grande marcó el principio del fin del paganismo y por tanto del culto a los antiguos dioses egipcios, al declarar el cristianismo, en su versión ortodoxa, la única religión legítima en el imperio romano y prohibir a la vez la adoración pública de las viejas deidades.

Los templos y demás lugares sagrados, que habían entrado en decadencia tiempo atrás, fueron abandonados y más tarde saqueados y destruidos. Los cristianos persiguieron y, en ocasiones, torturaron y asesinaron a los paganos que persistían en mantener los viejos cultos, hasta que éstos se perdieron o se escondieron. A partir de ese momento y hasta el día de hoy, su recuerdo fue tergiversado y vituperado de manera sistemática.

Anexo: los nomos

La palabra *nomo* es griega y significa *distrito*. El término egipcio original es *hesp* o *sepat* y se empleaba para definir la superficie cultivable. Con el tiempo, la administración local estaría basada en el poder e influencia del nomarca, cuyos títulos nos informan de sus funciones: *El que abre los canales, Jefe de la tierra* o *El que lidera el sepat*.

Aunque el número total de nomos varía con el tiempo, en general se considera que en la época faraónica existían 42: 20 de ellos en el Bajo Egipto y otros 22 en el Alto Egipto. A continuación se incluye una lista normalizada de estos nomos con su nombre y el de su capital. Si bien existen algunas variantes, figura el nombre del dios tutelar cuando es de importancia y está comprobado cuál es y, entre paréntesis, el nombre griego de su capital.

Los nomos del Bajo Egipto son:

1. Ineb Hedj, que significa El Muro Blanco, con capital en Tawi y luego en Men Nefer (Menfis). Horus es su dios.

2. AA, que significa El Muslo, con capital en Sejem (Letópolis).

3. Amenti, que significa Occidente, con capital en Hut Ihyt y luego en Per Neber Imu (Gynaecópolis). Hapy es su dios.

4. Neith Resut o Neith (en referencia a la diosa del mismo nombre) del Sur, con capital en Tcheka (Prosopis). Sobek es su dios.

5. Neith Mehet o Neith (en referencia a la diosa del mismo nombre) del Norte, con capital en San (Sais).

6. Ka Senef, que significa Toro de la Montaña, con capital en Saja (Xois). En este nomo también estaba la ciudad de Buto.

7. Per Naheb Amenti, que significa Arpón Occidental, con capital en Per Hut Neb Amenti (Metelis).

8. Per Naheb Abet, que significa Arpón Oriental, con capital en Per Atum Tjeku (Heroónpolis o Pitón).

9. Athi Andjety, que significa El Protector, con capital en Djedu Per Usir (Busiris). Osiris es su dios.

10. Ka Jem, que significa Toro Negro, con capital en Hut Tahery Ibt (Atribis).

11. Ka Heseb, que significa Toro Censado, con capital en Hesebt o Taremu (Farbaethos o Leontópolis).

12. Tjeb, que significa Ternero Divino, con capital en Tjeb Necher o Tjeb Nutjer (Sebennitos).

13. Hekat, que significa Cetro Próspero, con capital en Iunu (Helió-polis). Bastet es su diosa, pero también Isis.

14. Jenti Abet o Nomo oriental, con capital en Tjaru (Sile). Horus es su dios.

15. Djehuty, que significa El Ibis, con capital en Per Djehuty Bah (Hermópolis Parva). Thot es su dios.

16. Hatmehit, que significa El Delfín, con capital en Per Banebdjedet (Mendes). Hatmethit es también el nombre de su diosa.

17. Behedeti, que significa El Trono, con capital en Semabehedt (Dióspolis inferior). Behedeti es también el nombre de su dios.

18. Nen Jent, que significa El Príncipe del Sur, con capital en Per Bastet (Bubastis). Bastet es su diosa.

19. Nen Peh, que significa El Príncipe del Norte, con capital en Dja-net (Tanis). Uadyet es su diosa.

20. Sopdu, que significa El Halcón Emplumado, con capital en Per Sopdu (Fakusa). Sopdu es también el nombre de su dios.

En cuanto a los nomos del Alto Egipto son:

1. Ta Kentit, que significa La Tierra del Arco, con capital en Abu (Elefantina). En este nomo también están las ciudades de Sunet (Siena) que hoy conocemos como Asuán y Nubyt (Ombos) que hoy se llama Kom Ombo. Horus es su dios.

2. Tas Heru, que significa El Trono de Horus, con capital en Djeba o Behedet (Apolinópolis) que hoy conocemos como Edfu. Horus es su dios.

3. Teb, que significa Rural, con capital en Nejen (Hieracómpolis). En este nomo también está la ciudad de Iunet (Latópolis) que hoy conocemos como Esna. Nejbet es su diosa.

4. Uaset, que significa El Cetro, con capital en Uaset (Tebas), que hoy conocemos como Luxor-Karnak. En este nomo también está la ciudad de Iuny (Hermontis). Montu es su dios.

5. Harui, que significa Dos Halcones, con capital en Gebtyu (Coptos). En este nomo también está la ciudad de Nubt (Ombos). Min es su dios.

6. Aati, que significa El Cocodrilo, con capital en Iunet (Tentyris). Hathor es su diosa.

7. Seshesh, que significa El Sistro, con capital en Hut Sejen (Dióspolis Parva). Bat es su diosa.

8. Ta Wer, que significa Gran Tierra, con capital en Abdyu (Abidos). Jentiamentiu es su dios.

9. Min (en referencia al dios del mismo nombre), con capital en Jent Min (Panópolis).

10. Uachet, que significa La Cobra, con capital en Tjebu (Antaeópolis).

11. Seth (en referencia al dios del mismo nombre), con capital en Shashotep (Apoteke).

12. Duef, que significa La Víbora del monte, con capital en Per Nemti (Hieracon).

13. Naref Jent, que significa Árbol de la Víbora del sur, con capital en Saut (Licópolis). Upuat es su dios.

14. Naref Peh, que significa Árbol de la Víbora del norte, con capital en Kis (Cusae). Hathor es su diosa.

15. Uent, que significa La Liebre, con capital en Jemenu (Hermópolis Magna). Bes es su dios.

16. Mah Etch, que significa El Órix, , con capital en Hebenu (Teodosiópolis). Horus es su dios.

17. Impu, que significa El Chacal, con capital en Saka (Kinópolis). Anubis es su dios.

18. Sepet Anti, que significa Halcón Volador, con capital en Hutnesut. Nemti es su dios.

19. But Chnemi, que significa Los dos Cetros, con capital en Per Medjed (Oxirrinco).

20. Naret Jent, que significa Árbol Sagrado del Sur, con capital en Henen Nesut (Heracleópolis Magna).

21. Naret Peh, que significa Árbol Sagrado del Norte, con capital en Shenajen (Arsinoe o Cocodrilópolis), que hoy conocemos como Medinet el Fayum. Jnum es su dios.

22. Maten, que significa El Cuchillo, con capital en Tepihu (Afroditópolis). Neith es su diosa.

CAPÍTULO 2
TEOLOGÍAS Y LEYENDAS

Los antiguos egipcios miraban al cielo muy a menudo y lo hacían de dos maneras: simbólicamente a través de la oración a sus dioses y astronómicamente a través de la observación de los fenómenos estelares. Disponían de un calendario solar muy similar al nuestro, el primero conocido de este tipo, desde al menos la Dinastía II, hace ya cerca de cinco mil años. Constaba de 365 días, divididos en doce meses de treinta jornadas cada uno más otras cinco complementarias y festivas al final del año.

Aunque muy posteriormente los coptos se referirían a estos últimos cinco días como el *Piabot nkoyxi* o *Pequeño mes*, en la antigüedad no eran considerados en conjunto sino uno por uno. Para los antiguos egipcios eran los *Heru renpet* o *Los días que están por encima del año* y conmemoraban el nacimiento de los dioses Osiris, Horus, Seth, Isis y Neftis. Los griegos, cuyos escritos reconocen a los egipcios como «los primeros hombres del mundo que descubrieron el ciclo del año y dividieron su duración en doce partes», los llamaron días epagómenos, que puede traducirse como «días añadidos».

Teniendo en cuenta la meteorología estable en la zona y la dependencia de las crecidas del Nilo para la organización de las labores de cultivo, los egipcios consideraban la existencia de tres estaciones

El calendario egipcio arrancaba con el solsticio de verano y el ascenso de la estrella Sirio, que anunciaba las inundaciones del Nilo.

El Zodíaco de Dendera.

Teologías y leyendas

de cuatro meses cada una en su calendario. Ajet era la primera de ellas, la de la inundación, y contaba con los cuatro primeros meses denominados Thot, Faofi, Athir y Joiak. La segunda estación era Peret, la de la siembra, cuando las aguas del río se retiraban dejando en las riberas el ansiado fango que enriquecía las tierras y que, bien trabajadas, permitía cosechas generalmente abundantes, y sus meses eran Tibi, Meshir, Famenoth y Farmuthi. Finalmente, la tercera estación era Shemu, la de la cosecha y la sequía hasta la siguiente inundación, e incluye los cuatro últimos meses: Pajon, Paini, Epifi y Mesore.

Los nombres de los meses están aquí consignados por su denominación griega ya que los propios egipcios no solían utilizarlos como tal en sus manuscritos, sino que empleaban el número del mes respecto a su estación. Por ejemplo, para referirse al séptimo día de Meshir preferían hablar del día 7 del segundo mes de Peret.

En un primer momento, el calendario arrancaba coincidiendo con el solsticio de verano, cuando la estrella Sirio, anunciadora de las inundaciones, aparecía por primera vez tras el horizonte tras su período de ocultación. Con el paso del tiempo, ese comienzo fue retrasándose y estabilizándose más o menos en torno al mes de julio. Y es que los sacerdotes astrónomos constataron que cada cuatro años Sirio amanecía un día más tarde, con lo que pronto quedó claro que el año duraba en realidad 365,25 días y que, cada 1.460 años, el calendario se retrasaba un año entero respecto a las estaciones originales. Este ciclo fue denominado sotíaco y sólo recibió consideración desde el punto de vista religioso pero no civil.

El desbarajuste generado por esta situación condujo de todas formas a hechos contradictorios como el de que las fiestas previstas de una estación terminaran celebrándose en otra diferente. En 238 antes de Cristo, los sacerdotes se reunieron en la ciudad de Kah Nub o Canopo, en el delta del Nilo, para llegar a un acuerdo que permitiera enderezar la medición del tiempo, pero la reforma no llegó a aplicarse por los recelos de los líderes religiosos de otros nomos. El dominio romano puso fin a este problema al imponer por ley el calendario juliano.

El calendario solar era representado como un círculo con una docena de figuras doradas, una por cada mes, que indicaba los dioses regentes del período. Además, estaba relacionado con la presencia de los *bakiu* o decanos: 36 dioses secundarios que presidían los signos zodiacales en grupos de tres por cada mes –uno cada diez jornadas–

durante los 360 primeros días, ya que los últimos estaban como hemos visto consagrados a divinidades superiores.

Estos dioses menores tenían un aspecto visible: el de las constelaciones celestes que se sucedían en el cielo nocturno ordenadamente tras la primera aparición anual de la estrella Sirio. De esta manera, astronomía y astrología se combinaban o, mejor dicho, marchaban como una sola ciencia certificando que la presencia de unos u otros cuerpos estelares ejercían una influencia particular sobre los nacidos en días diferentes.

Pero volviendo a los meses del año, hay que recordar cuál es el nombre del primero de ellos: Thot. No es casualidad que lleve el nombre del dios de la sabiduría, inventor de la escritura y patrón de escribas, artistas y científicos, puesto que fue él, en su calidad de divinidad lunar y por tanto de medidor del tiempo –la observación de las fases de la luna es la segunda manera más evidente de medir el paso del tiempo, después de comprobar la alternancia entre el día y la noche– el creador también del calendario.

Fue también él quien añadió los días epagómenos a raíz de una disputa entre otros dioses.

CÓMO AÑADIR CINCO DÍAS NUEVOS AL CALENDARIO

El dios Shu, padre de la diosa del Cielo, Nut, y de su marido el dios de la Tierra, Geb, les recomendó que no tuvieran hijos, ya que su deber era permanecer separados para mantener la estabilidad de la creación. Pese a ello, Nut se quedó embarazada y parió al Sol, las estrellas y los planetas. Su padre se enfadó tanto que, con el apoyo explícito de Ra, divinidad suprema en aquella época, les prohibió tener hijos a partir de entonces en cualquier mes del año.

Sin embargo, Nut deseaba ser madre de nuevo y acudió a Thot, quien decidió ayudarla y para ello invitó a Jonsu, dios regente de la Luna, a una partida de senet, juego de mesa muy popular en el Antiguo Egipto –similar al juego real de Ur y, según algunos estudiosos, predecesor del actual backgammon–. En aquella época, la Luna brillaba tanto como el Sol pero Thot era un gran jugador. Utilizando como fichas una serie de piedras lunares blancas y negras, a lo largo de la partida consiguió apoderarse de parte de la luminosidad lunar que luego tradujo en cinco días nuevos. Como ninguno de ellos estaba incluido en el año formal, Nut y Geb pudieron encontrarse en esos momentos y concebir un dios cada día.

A consecuencia de esta partida, la Luna ya no brilla tanto como lo hacía antes, cuando estaba llena todas las noches. Shu no pudo hacer nada por evitarlo porque la prohibición afectaba a los meses existentes y no a las nuevas jornadas, pero convenció a Ra para que las sumara al calendario y así evitar que Nut tuviera la ocurrencia de parir cinco nuevos dioses cada 360 días. Desde entonces, el año tiene 365 jornadas.

El relato de la creación de los días epagómenos sugiere hasta qué punto la vida diaria de los egipcios estaba influida, incluso en sus mínimos detalles, por la presencia de las divinidades. En la tumba de Tutmosis III –cuyo nombre por cierto honra a Thot, que aparece aquí en su forma Tut– los arqueólogos encontraron una lista de 740 dioses a los cuales se rendía algún tipo de culto en el antiguo Egipto, al menos en la época de la dinastía XVIII, a la cual pertenecía este faraón. Otros investigado

res han registrado hasta 2.000 nombres diferentes, si bien los estudios contemporáneos han llegado a la conclusión de que el número real es mucho menor y que, en realidad, esta abundancia de seres poderosos no es tal, sino que se trata de un grupo reducido de personajes divinos que fue llamado con diferentes nombres según los lugares y las épocas.

No debemos olvidar que estamos hablando de una civilización que duró varios miles de años, a lo largo de los cuales los conceptos teológicos fueron evolucionando y entremezclándose con las creencias de los sucesivos invasores del valle del Nilo, desde los hicsos y los libios a los griegos y los romanos.

Además, los dioses se entremezclan: unos asumen las funciones o los atributos de otros, comparten esposas o están integrados como aspectos interconectados. Un ejemplo de esto es el propio dios Jonsu, que a menudo es representado con cabeza de halcón, con un disco lunar sobre la cabeza. Un profano podría así pensar que está ante Horus, el dios halcón con un disco solar encima de él. Para diferenciarlos a primera vista, debería tener en cuenta el diferente color del disco según representara a la Luna o al Sol, así como la presencia de los cuernos lunares sosteniendo el disco, en el caso de Jonsu.

Esta amalgama de dioses, que en mayor o menor medida se da igualmente en otros panteones paganos, no es tan diferente de la que encontramos en el judeocristianismo, la religión predominante hoy en Occidente. Imaginemos las conclusiones de un arqueólogo del futuro que, dentro de cinco mil años, descubra las ruinas de nuestra actual civilización y encuentre diferentes imágenes de la Virgen de la Almudena, la del Carmen, la de Montserrat, la de Guadalupe, la Macarena…, todas similares pero todas diferentes. ¿Será capaz de compren der que se trata de la misma Virgen María o pensará acaso que Virgen es un sinónimo de diosa y que cada una es diferente de las demás? Y, en el fondo, ¿acaso no son diferentes unas de otras? Al menos, en el sentir religioso y emotivo de sus más fervientes seguidores: un devoto entregado de una de ellas suele serlo de ella, por más que respete a las otras..., aunque en teoría todas sean la misma.

Comparándolo con los egipcios, pensemos en las numerosas manifestaciones de Horus: como Harpajered o Harpócrates –el Horus niño–, Haroeris –el Horus adulto y poderoso–, Harmajis –el Horus del amanecer–, Harsiesis –el Horus en su aspecto de Hijo de Isis– y otros..., pero todos ellos el mismo Horus.

Y aún hay más. Cuando se habla de Ajenaton como el primer faraón monoteísta de la Historia por su culto a Atón se suele olvidar que, para el sacerdocio educado, ese monoteísmo

Horus es el dios halcón entre cuyas funciones está la de proteger al faraón en vida.

existía de facto mucho antes de su llegada. Aunque el populacho creyera en la existencia de muchas divinidades diferentes, para estos sacerdotes los dioses no eran seres independientes sino emanaciones o aspectos –identificados como *Neteru*– de un solo dios –identificado a menudo con Atum pero conocido como *Neter*, que significa literalmente Dios–.

En una parte posterior del libro profundizaremos en este concepto al hablar del Hermetismo. De momento, debe quedar claro que Ajenaton no impuso ningún culto nuevo: su adoración solar a Atón era la misma que ya existía hacia Amón. Ambos hacen referencia al espíritu del Sol, la máxima divinidad egipcia. El cambio no fue, pues, de dios ni de culto sino de estructura religiosa y política, porque la transformación impuesta por este faraón fue ideada para desposeer de sus bienes y de su poder al entonces arrogante sacerdocio de Amón,

Pedro Pablo G. May

corrompido por la codicia hasta el punto de envilecer sus funciones religiosas originales.

Ajenaton, con el apoyo de su esposa Nefertiti, buscaba volver a concentrar la autoridad en manos de la realeza, depurar el sacerdocio y la fe religiosa y crear una nueva sociedad más comprometida con los valores espirituales que con los materiales. Un experimento que, en todo caso, no llegó demasiado lejos, porque tras su desaparición física la situación no tardó en regresar a su estatus original.

Ajenaton y su esposa Nefertiti caminan de la mano en una escultura doble de un altar doméstico.

La teología de Heliópolis

La teología egipcia no es única sino que ofrece diversas variantes, como corresponde a una civilización tan dilatada en el tiempo. La más conocida a día de hoy es la de Heliópolis o *Ciudad del Sol*, aunque éste es el nombre griego, pues el original egipcio es Iunu, que significa *Pilar*. Ésta era una de las tres ciudades más importantes del Antiguo Egipto, junto con Menfis –tradicional capital del Bajo Egipto– y Tebas –del Alto Egipto–, pero mientras estas dos últimas hacían referencia sobre todo al poder político, la primera lo hacía al religioso.

La teología de Heliópolis, que se conserva en gran parte en los denominados *Textos de las pirámides*, también era conocida como la de la Enéada, pues reconocía nueve dioses principales: Atum, Shu, Tefnut, Geb, Nut, Osiris, Isis, Seth y Neftis.

De acuerdo con sus enseñanzas, en el principio había sido el caos en forma de abismo acuoso, un océano informe llamado Nun –los hombres contemporáneos no somos, ni mucho menos, los primeros en plantear que la vida nació en las simas marinas– contenido en una especie de caldero cósmico de proporciones indeterminadas.

De allí surgió Itemu, más conocido como Atum, cuyo nombre significa *El que existe por sí* mismo ya que se autocreó emergiendo del interior de un nenúfar. Entre otros títulos, Atum recibía el de *El*

Solitario y el *Padre de toda cosa* ya que había sido el primero en manifestarse y el que abrió el camino a los sucesivos dioses que fueron apareciendo a continuación.

La Enéada consideraba a Nun como el océano primordial del que todo había surgido pero no le reconocía como dios del panteón heliopolitano. Sí a Atum y a los que nacieron tras él. Así, los hijos de Atum fueron Shu, dios del aire y la atmósfera, y Tefnut, diosa de la humedad.

Geb, dios de la tierra, y Nut, diosa de los cielos, son a su vez hijos de Shu y Tefnut. Shu separó violentamente a sus hijos para permitir la existencia sobre la tierra y por ello se le suele representar con sus pies sobre Geb, que permanece acostado y con las rodillas dobladas, para indicar que también es el creador de las montañas, y sus brazos sosteniendo en lo alto a Nut, cuyo cuerpo tachonado de estrellas es la bóveda celeste y cuyo sexo pare cada mañana al dios solar para que alumbre a los seres humanos.

Estas cinco divinidades actuaban a nivel cósmico y no tenían relación directa con los seres humanos. En cambio, los cuatro hijos de Geb y Nut –las dos parejas de hermanos: Osiris e Isis por un lado y Seth y Neftis por otro– sí se relacionaban con el mundo y los mortales, tanto en su vida sobre la tierra como en el Más Allá. Los cuatro, junto con un quinto personaje que se incorpora más tarde –Horus,

El dios Ra está considerado también como el primero de los faraones que gobernó Egipto en los tiempos míticos.

el hijo de Osiris e Isis– protagonizan el gran drama osiríaco que entre otras cosas simboliza la eterna lucha entre el Bien y el Mal.

La ira de Ra

Hubo una época en la que los dioses y los hombres convivieron sobre la superficie de la Tierra. El más grande y el más poderoso era Ra, quien gobernaba sobre todo y sobre todos y fue, de hecho, el primero de los faraones. Regía sus destinos ayudado por su hija Maat, diosa de la verdad y la justicia. Cada día, después del desayuno, subía a bordo de su barca sagrada y recorría las doce regiones de su reino, es decir, las doce horas en las que se dividía la jornada solar.

Aunque el resto de las deidades siempre le trató con el respeto que se merece, el *homo sapiens*, criatura voluble e ignorante, dejó de reverenciarle y de presentarle sacrificios cuando le vio envejecer. Aún más, empezó a mofarse de él incluso a la luz del día, pronunciando palabras de desdén, sátira y hasta rebelión contra el más principal de los dioses.

Las burlas afectaron a Ra más de lo que éste había creído en un primer momento. Primero se tornó taciturno, luego rabioso y finalmente entró en cólera y anheló destruir a la humanidad entera. Antes de llevar a cabo su propósito, prudentemente reunió a los demás dioses en su templo de Heliópolis y les expuso lo que estaba sucediendo para pedir luego su opinión. Su padre, Nun, fue claro y su consejo, seguido por toda la asamblea: era necesario castigar a los insolentes humanos que habían despreciado a Ra pues, si esta conducta se quedaba sin castigo, pronto el ultraje se extendería hacia el resto de las divinidades. Con tal fin, sugirió a su hijo que utilizara un arma muy poderosa, su propio Ojo, para enfocarlos con él y abrasarlos con su fuego.

Sin embargo, los humanos se percataron de las ansias de venganza de Ra y se alejaron de su mirada. Huyeron al desierto para evitar el castigo y se ocultaron en las colinas rocosas y alejadas de las ciudades. Esto enfureció todavía más a Ra, quien decidió entonces enviar a la diosa león Sejmet para que fuera ella la que ejecutara el duro escarmiento en su nombre.

Sejmet estaba acostumbrada al desierto, así que encontró sin dificultad los escondrijos de los humanos y fue matando uno a uno a todos los que alcanzaba sin importarle que fuera hombre, mujer o niño. La violencia y la muerte la condujeron a un éxtasis aterrador que sólo podría terminar con la aniquilación de toda la humanidad. Sin embargo, el crepúsculo la obligó a detenerse pues, sin luz, no podía seguir persiguiendo a sus presas. Sejmet decidió tomar un descanso y terminar su tarea al día siguiente y se premió a sí misma dedicándose a devorar las entrañas y a beber la sangre de las gentes que había asesinado.

Para entonces, la matanza había ensangrentado casi toda la tierra de Egipto pero la ira de Ra se había disipado también en gran medida. Decidió echar un vistazo para ver cómo estaba cumpliendo sus órdenes la diosa león y al comprobar la carnicería que

Sejmet es la diosa de la fuerza y de la guerra, pero también de la venganza.

había desencadenado sintió una gran tristeza. Sabía que no todos los seres humanos merecían perecer pero ese parecía ser su destino, con independencia de que fueran personas piadosas o no. Tras comprender que el castigo había sido ya suficiente, quiso perdonar y salvar a aquéllos que todavía no habían sido capturados por su violenta enviada pero era consciente de que, en cuanto amaneciera, la furia asesina volvería a apoderarse de ella y retomaría su siniestra labor sin detenerse hasta completarla, por más que él mismo se lo pidiera.

Tras cavilar un momento, mandó recolectar y trasladar desde la isla de Elefantina una gran cantidad de mandrágoras, que fueron molidas y mezcladas con parte de la sangre de los muertos y con abundante cerveza. Hasta 7.000 jarras de esta mezcla fueron llenadas y después derramadas en las inmediaciones del lugar donde Sejmet descansaba.

Poco después amaneció y la diosa se puso en marcha pero enseguida descubrió un auténtico lago de cerveza roja que ella tomó por sangre de sus víctimas que no había llegado a ingerir la noche anterior. Sin perder un instante, comenzó a bebérsela para animarse a continuar con la masacre y enseguida se intoxicó tanto con la mezcla del alcohol y de la planta mágica que fue incapaz siquiera de mantenerse en pie y seguir bebiendo. Cayó al suelo completamente embriagada y fue recogida y llevada lejos por orden de Ra, para que durmiera una larga temporada sin hacer más daño a la humanidad.

En cuanto a los supervivientes de la hecatombe, regresaron a las ciudades y a su vida normal cuando se enteraron de que Sejmet ya no les atacaría más y no hace falta decir que a partir de ese momento fueron más piadosos que nunca, especialmente con Ra.

En previsión de que la ira de la diosa leona pudiera volver a desatarse en el futuro, el dios solar decretó que los templos en su honor debían preparar y ofrecer tantas vasijas de cerveza con granada cuantas sacerdotisas hubiera en ellos. Éste es el origen de la festividad de Hathor, el día duodécimo del mes de Tibi, el primero del invierno.

En el nombre del dios del Sol

Isis era la diosa más sabia del panteón egipcio. Experta en magia y en todo tipo de conocimientos secretos, conocía todos los misterios del Cielo y de la Tierra..., menos uno. Ignoraba el nombre de Ra y eso le irritaba, porque era lo único que le faltaba por saber, así que se propuso apoderarse también de aquel último enigma. Para ello, se dedicó a espiar al dios Sol, siguiéndole a escondidas.

Por entonces, Ra era ya muy anciano: su cuerpo temblaba, sus piernas le sostenían con dificultad y a menudo babeaba. Una gota de su baba cayó al suelo sobre el polvo y formó barro. Ella lo recogió y con sus propias manos modeló una víbora, la animó y luego la colocó junto al camino que él solía recorrer. Ra pasó al poco tiempo por allí, como de costumbre, y la serpiente le mordió y le causó un dolor horrible, como nunca antes había sentido. Según su propia descripción, era como si un fuego estuviera quemando su interior. Y, en cierto modo, no le faltaba razón, ya que

Isis es la encarnación de la Naturaleza, la diosa de la sabiduría, la magia y los misterios.

56

la alimaña que le había introducido el veneno había sido engendrada a partir de su propia naturaleza ardiente.

Atormentado, Ra lanzó amargos gritos y lamentos y pronto los dioses le escucharon y corrieron a auxiliarle, pero ninguno pudo hacer gran cosa para aliviar su pena, a pesar de su preocupación. Isis también se acercó y le preguntó:

- Oh, padre todopoderoso, me duele verte afligido. Oí que te mordió una víbora, una de las que tú has creado en el mundo.

- Ninguna de las serpientes que yo he creado me ha mordido. Su veneno me abrasa por dentro.

Acercándose al rostro de Ra como si fuera a darle un beso para calmarle, Isis le susurró al oído:

- Si me dices tu nombre, utilizaré mis poderes mágicos para curarte ahora mismo.

Ra la miró sin comprender y contestó, también en voz baja:

- Yo soy el creador del Cielo y de la Tierra. Yo soy el constructor de la luz y de la oscuridad. Yo soy Jepri al amanecer, Ra al mediodía y Atum al atardecer. Yo soy Amón Ra para toda la tierra de Egipto...

- Oh padre todopoderoso: esos nombres los conocen todos los dioses. Para poder curarte, necesito saber tu nombre primero, tu nombre secreto.

Ra dudó unos segundos, pero el dolor era tan fuerte que no pudo aguantar mucho más tiempo y, pesaroso, contestó:

- Está bien, te lo diré. Pero debes jurarme que a nadie le revelarás ese nombre excepto al hijo que has de tener y que habrá de encargarse de mis funciones cuando yo no esté. Ese hijo deberá llamarse Horus y él también deberá jurar que no revelará ese nombre, ni a dioses ni a hombres.

Isis prestó sagrado juramento y Ra le confió su nombre secreto, que quedó guardado en el corazón de la diosa. Entonces ella utilizó todos sus poderes y expulsó al veneno del cuerpo de Ra. El dios Sol se vio aliviado y todas las divinidades se regocijaron, pero a partir de ese momento dejó de reinar en Egipto y se marchó a vivir en los cielos.

El dios Thot, que hasta entonces había actuado como su visir, fue su sustituto como nuevo faraón de Egipto y según los registros de los sacerdotes gobernó en paz y con prosperidad durante más de 3.200 años.

Esta historia es especialmente interesante porque hace referencia a tres temas esenciales desde el punto de vista mitológico y también como lecciones de vida para los antiguos egipcios. En primer lugar, que el cielo es preciso tomarlo por asalto. Nadie regala nada, ni siquiera a los dioses, y si uno quiere apoderarse de algo debe ir a por ello, no esperar a que alguien graciosamente se lo conceda. Para ello se puede utilizar la fuerza, el ingenio o, como en el caso de Isis, la astucia. Conocemos diversos mitos y leyendas de distintas culturas que nos advierten de esto mismo y quizá el más popular sea el de Prometeo, que robó el «fuego» de los dioses griegos para entregárselo al hombre y así elevar su conciencia y su destino. Luego tuvo que pagar un alto precio por su osadía...

En segundo lugar, nos recuerda el poder del nombre. Conocer el nombre de alguien es adquirir cierta clase de dominio sobre esa persona y por ello en la antigüedad era corriente que la gente ignorara el nombre verdadero de sus conocidos. Más bien les trataba de acuerdo a su título, su oficio, su apodo o acaso alguno de sus nombres corrientes, mas no el primero de ellos. En los grimorios y tratados de magia de todas las épocas se incluyen listados de dioses y demonios para que acudan a la ceremonia en la que se les llama pues, sin conocer sus nombres reales, no se les puede obligar a concurrir ante el invocante. En el capítulo dedicado al diccionario propiamente dicho, veremos que incluso los nombres de los dioses tenían un significado porque eran en realidad los apodos por los cuales eran conocidos y, en algún caso, tenían muchos. A Osiris, por ejemplo, se le llamaba de muy diversas formas, incluyendo entre otras: *El Poderoso*, *El Señor de la Vida*, *El que habita en el Cielo* o, aquí queda bien claro, *El que tiene muchos nombres*.

En tercer lugar, muestra que nada es en verdad eterno en el mundo material, en el que incluso los seres más poderosos tienen límites, así como un principio y un final. La vida es un ciclo donde nadie es imprescindible y hasta los más poderosos han de ser relevados en algún momento.

Seth contra Osiris, Horus contra Seth

Sin duda el mito más popular del Antiguo Egipto es el drama que implica a Osiris, Isis, Seth, Neftis y Horus como principales protagonistas de una trama de poder, amor, envidia, traición y venganza que bien podemos considerar como el modelo universal de todos los relatos que hoy conocemos con semejante mezcla de ingredientes.

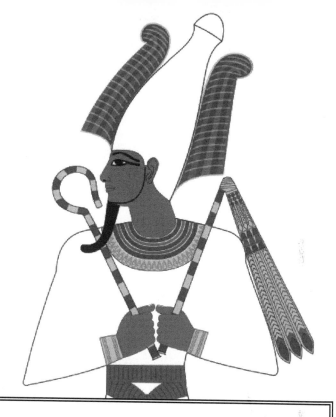

EL NACIMIENTO DE UNA LEYENDA

Osiris es uno de los dioses principales del panteón egipcio y, que tendría un destino muy especial, se supo desde el mismo momento de su nacimiento.

En aquel entonces las gentes, asombradas, empezaron a escuchar unas maravillosas canciones que llegaban de los cielos. Luego, una voz potente desde lo alto anunció: «Es ahora cuando llega el Señor de todas las cosas». Deslumbrados, los corazones de los egipcios se llenaron de alegría sin saber por qué.

Enseguida comenzó a circular el rumor de que había nacido un rey sabio, justo y amable, un «dios bueno^a que traería felicidad y prosperidad a las Dos Tierras, como en efecto pudieron comprobar más tarde.

Un nacimiento tan especial trae inevitablemente a la memoria el de otros similares de diferentes dioses y semidioses en culturas diferentes..., y todas ellas posteriores. Es un tema común en religiones de distintos puntos del planeta.

En su momento, Osiris se proclamó rey y, junto con su hermana y esposa Isis, se dedicó a civilizar a los egipcios. Hasta su aparición, las tribus locales estaban básicamente compuestas por cazadores nómadas y su dura existencia transcurría guerreando unas contra otras. Pero Osiris, acompañado siempre por Isis, las unió y las concedió el regalo del conocimiento: enseñó a sus súbditos a construir ciudades donde establecerse y llevar una vida más cómoda, a construir herramientas y utensilios agrícolas y a plantar y cultivar con ellos para que nunca les faltara alimento, a fabricar pan del trigo, cerveza de la cebada y vino de la vid, a aprovechar las riquezas del subsuelo y forjar armas con las que defenderse de las bestias salvajes y de sus enemigos, a construir templos y decorarlos con estatuas y pinturas y a practicar rituales religiosos en su interior... También les inspiró para vivir vidas más sanas, basadas en la educación, la justicia y los valores superiores.

Pronto los egipcios mejoraron de manera espectacular su estilo de vida y, agradecidos, reconocieron todo lo que Osiris e Isis habían hecho por ellos y los adoraron en vida.

Sin embargo, había alguien que no estaba contento con esta situación: su hermano Seth. De carácter taciturno, egoísta y violento, carecía de la empatía de Osiris y no le interesaba demasiado alegrar la existencia de nadie excepto la suya propia. Envidiaba la popularidad y el amor que el pueblo profesaba a su hermano, pero era incapaz de comprender que sólo estaba recogiendo lo que había sembrado y que él mismo podría ser igual de querido y venerado si hubiera hecho algo similar, pues estaba igual de capacitado para ello.

Cuando la vida de su pueblo hubo florecido, Osiris decidió viajar fuera de Egipto para continuar su tarea civilizadora en otras tierras y dejó a Isis a cargo del reino.

Seth es el señor del caos, la sequía y el desierto.

Seth vio la oportunidad de apoderarse del trono y organizó una conjura con este fin pero la reina era sabia, fuerte y de mente ágil, por lo que desmontó su rebelión con rapidez. Esta circunstancia, sumada al hecho de que Seth era hermano tanto de Isis como de Osiris, libró al rebelde de un castigo severo y, tras una simple amonestación, se le permitió vivir en libertad como si no hubiera pasado nada.

Osiris regresó al fin de sus viajes y se felicitó al ver cómo Egipto continuaba prosperando durante su ausencia bajo el amoroso cuidado de Isis y cómo ella había evitado que la buena marcha de las cosas se truncara por culpa de Seth. Volvió a sentarse en el trono y recibió nuevas alabanzas por haber extendido los beneficios de sus conocimientos a otros pueblos y contribuir con ello a una época de paz y prosperidad para todo el mundo conocido.

De nuevo regresaron los celos y las envidias al corazón de Seth, quien decidió intentar otra vez la conquista del trono pero en esta ocasión asesinando a su hermano para que nadie, ni siquiera Isis, pudiera atreverse a cuestionar su derecho a gobernar Egipto en su lugar.

Según una versión de la historia, la animadversión de Seth hacia Osiris tenía además otra causa y es que éste requirió de amores a Neftis y obtuvo respuesta positiva. Neftis era la esposa de Seth y hermana tanto de éste como de Osiris e Isis. Era físicamente igual que Isis y, mientras su hermana dominaba los rituales de magia, ella era la principal sacerdotisa y organizadora de las ceremonias religiosas. De acuerdo con esta versión, Osiris confundió a Neftis con Isis –o quizá no lo hizo– y yació con ella, quien se complació de haber sido deseada por sus dos hermanos. De esta relación habría nacido Anubis, el dios con cabeza de chacal.

Cuando Seth se enteró de lo ocurrido, su ira fue inmensa. En secreto, se alió con la reina Aso de Etiopía, que le dejó a setenta y dos guerreros, y con ellos tramó un plan perverso. Mandó construir un sarcófago magnífico, ricamente decorado y tallado con exquisitez, adaptado a las dimensiones del cuerpo de Osiris de manera que sólo él pudiera encontrar un acomodo perfecto en su interior. Luego, organizó una fiesta espléndida en su palacio, a la cual sólo invitó a su hermano y a sus aliados etíopes. Durante el festejo, anunció que tenía una sorpresa para los presentes y, con gran pompa y ceremonia, mandó traer el sarcófago. Todos lo admiraron y aplaudieron a Seth por la belleza y el buen gusto que había tenido al mandar fabricar un objeto semejante para que guardara su cuerpo cuando muriera. Pero él contestó que no pensaba utilizarlo en persona sino regalárselo a aquél de los asistentes a la fiesta que mejor cupiera en su interior.

Así que todos fueron metiéndose en el lujoso ataúd para probarlo, pero nadie encajaba bien. Cuando le tocó el turno a Osiris, éste se acomodó a la perfección. Ya iba a hacer un comentario al respecto cuando, a indicación de Seth, los conspiradores etíopes se adelantaron y colocaron la tapa del sarcófago con él todavía tumbado dentro. Con rapidez, la clavaron a martillazos y a continuación la sellaron con plomo fundido. Osiris estaba atrapado y no tenía posibilidad de escapar. Luego, Seth ordenó llevar el sarcófago a la desembocadura del Nilo y los conjurados lo arrojaron al mar.

Osiris murió ahogado y Seth, satisfechos sus malignos deseos, se dispuso a apoderarse del trono de Egipto.

Cuando Isis recibió noticias de lo sucedido, un inmenso dolor la estremeció tanto en cuerpo como en alma. Con gran fuerza de voluntad, evitó abandonarse a sí misma y partió de inmediato en busca del sarcófago trampa. Quería recuperar el cuerpo pues sabía que los difuntos de la realeza no pueden descansar en el Otro Mundo si no son despedidos de éste con los rituales adecuados. Como no conocía el lugar exacto donde había sido sumergido su marido, buscó durante largo tiempo, pidiendo ayuda y orientación a todo aquél con quien se cruzó. Nadie pudo ayudarle, pues sólo Seth y sus etíopes conocían el lugar donde había culminado su crimen.

Entre tanto, su malvado hermano tomó el poder en el país y comenzó a perseguir de manera injusta y mezquina a los seguidores de Osiris, regocijándose en la tristeza y las lágrimas de Isis.

El sarcófago no se perdió en el fondo del mar porque no llegó a hundirse del todo: la corriente lo transportó hasta la costa de Fenicia, cerca de la ciudad de Biblos. Allí, embarrancó en una playa junto a un pequeño tamarisco, una acacia según otras versiones, que, fortalecido por la esencia divina de Osiris, empezó a crecer mucho más rápido de lo normal hasta transformarse en un gran árbol cuyo tronco envolvió al ataúd del dios y de esta manera lo protegió del deterioro.

El rey Melkartus de Biblos y su esposa Astarté, que paseaban por la zona, vieron el árbol y quedaron tan impresionados ante su tamaño y belleza que mandaron talarlo y utilizarlo como columna para sujetar el techo de su palacio. Una vez instalado, tanto los reyes como sus súbditos observaron con asombro el dulce y fragante aroma que emanaba del nuevo pilar. Tan agradable y tan raro era este perfume que el fenómeno se convirtió en la comidilla de todo Biblos y, pronto, traspasó sus fronteras.

Cuando estas noticias llegaron a Isis, ella dedujo que el árbol contenía los restos de Osiris y viajó de inmediato a Fenicia, aunque lo hizo sin anunciarse porque no sabía si encontraría amigos o enemigos. Para entrar en el palacio de Melkartus, se sentó en una fuente junto al edificio y allí esperó a las doncellas de la reina. Con ellas fue muy amable y educada, les arregló el cabello y les perfumó con delicadeza. Al regresar a palacio, ellas no pudieron evitar hablar sobre la misteriosa extranjera junto a la fuente y Astarté, curiosa, mandó llamarla. Tan impresionada quedó con Isis, que la invitó a quedarse como nodriza de su hijo, el príncipe Maneros.

Sin embargo, las extrañas prácticas de la forastera alarmaron a la reina. Algunas personas de palacio denunciaron que, por la noche, cuando todos se habían retirado a dormir, ella entraba en el gran salón y entonando palabras desconocidas encendía una gran hoguera a la que arrojaba al príncipe que, milagrosamente, no se quemaba aunque permanecía largo rato entre las llamas. A continuación, ella se transformaba en golondrina y volaba alrededor del pilar de tamarisco piando una canción de pérdida y dolor.

Decidida a averiguar si aquellas excéntricas acusaciones eran ciertas, Astarté se escondió en el salón y, al caer la noche, cuando ya el palacio estaba en silencio, descubrió espantada cómo llegaba Isis, encendía el fuego mágico y empujaba al interior al príncipe. Gritando, la reina abandonó su escondite y sacó a su hijo de entre las llamas. Isis, que aún no se había transformado en golondrina, la regañó con severidad. Reveló quién era en realidad y afirmó que, en agradecimiento porque la dejaran vivir en el mismo palacio donde se encontraba aquel árbol que ella buscaba porque escondía un valioso ataúd que le había sido robado, había decidido someter a Maneros a un ritual sagrado de purificación para concederle la vida eterna. Sin embargo, la intervención de Astarté había frustrado la ceremonia, con lo que el príncipe viviría ahora como una persona vulgar, sometido a la muerte.

Aturdida y avergonzada, la reina pidió perdón y acudió a Melkartus para que intentara contentar a la diosa. El rey mandó retirar el pilar de inmediato y el sarcófago fue encontrado en su interior. Luego dispuso un barco para que Isis pudiera volver a Egipto con él. Astarté consiguió que Isis aceptara llevar a Maneros con ella, con la esperanza de que pudiera completar el ritual de inmortalidad que había interrumpido. Los restos de la columna se quedaron en Biblos y fueron ungidos con mirra y conservados a partir de entonces como una verdadera reliquia.

Durante la travesía, sucedió otra tragedia. Isis había buscado el cuerpo de Osiris durante mucho tiempo y no pudo aguantar por más tiempo sin verlo. En un momento dado se acercó al sarcófago y levantó la tapa. Así pudo por fin contemplar el rostro muerto de su amado y, derramando lágrimas de amor y dolor, besó con desconsuelo y nostalgia sus labios inertes. Maneros, curioso, cometió entonces el error de fisgar de manera irrespetuosa: se acercó por detrás sin pedir permiso para ver qué contenía el sarcófago que había llevado a toda una diosa a viajar en su busca. Isis se dio cuenta y, encolerizada porque su intimidad hubiera sido violada, dio media vuelta y le enfrentó. De sus ojos enrojecidos surgió un fuego que quemó al imprudente príncipe y le provocó la muerte allí mismo.

Al fin, el barco llegó a Egipto, donde la situación había empeorado. Seth imperaba con mano de hierro, sometiendo a todos los egipcios a sus caprichos. Tanto terror inspiraba que nadie se atrevía ya a llamarlo por su nombre y se le conocía como *el Malvado*. Cuando se enteró de que Isis había encontrado el sarcófago y regresado con él, mandó perseguirla con saña, lo que la obligó a refugiarse en los pantanos del delta donde Ra, su abuelo, se apiadó de ella y envió a Anubis para que fuera su guía y protector. Isis escondió el sarcófago con el cuerpo de Osiris y empezó a preparar los ritos funerarios para que su marido asesinado pudiera acceder a la Duat.

No lo consiguió: a Seth le gustaba cazar de noche y descubrió por azar el escondite del sarcófago a la luz de la Luna. Con una sonrisa cruel, el dios hizo que sus partidarios sacaran el cadáver de Osiris y

Thot y Ammit la Devoradora durante el Juicio de Osiris.

lo cortaran en catorce pedazos. Luego mandó arrojarlos al Nilo, con la esperanza de que los cocodrilos devoraran la carne y Osiris perdiera definitivamente la posibilidad de vivir en la eternidad. A partir de entonces sumaría un nuevo título a la larga serie de apodos con los que era conocido: *el Descuartizador*.

Mas los cocodrilos también habían amado a Osiris y además temían la posible venganza de Isis, así que renunciaron a engullir los restos del dios. Así, las aguas del río fueron arrojando a sus orillas todas las partes del cadáver menos una: el pene. Menos inteligente fue un pez oxirrinco –del género hoy conocido como mormiro y vulgarmente también como «pez elefante» por la protuberancia en sus mandíbulas, al que los grecorromanos consideraban un «adorador del amor» – que devoró este pedazo de Osiris sin pensárselo dos veces. A consecuencia de ello, los egipcios renunciaron a partir de entonces a pescarlo y a comerlo. Sin embargo, tuvo suerte porque no fue malde-

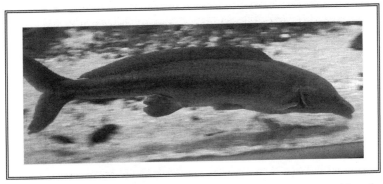

cido sino más bien lo contrario. En El Fayum pasó a ser considerado un animal sagrado, por contener dentro de sí un fragmento del «dios bueno» y de hecho dio nombre a una ciudad: Per Medied en egipcio, Oxirrinco en griego.

Después de todo lo que había penado para recuperar el cuerpo de su difunto marido, cuando Isis se enteró de lo ocurrido cayó en una depresión profunda. Su hermana Neftis, horrorizada por los actos de Seth –y, según la versión antes referida, con un gran sentimiento de culpa porque tanto trastorno se hubiera desatado como consecuencia de su infidelidad conyugal–, la sostuvo en aquellos momentos y, una vez se hubo recuperado, la ayudó junto con Anubis a buscar y recuperar los fragmentos del cadáver.

Thot, que también había descendido de los cielos para poner sus propios conocimientos a disposición de Isis, ayudó al grupo a reconstruir el cuerpo y envolverlo y prepararlo de acuerdo con el ritual de momificación. Como no habían podido recuperar el pene original, colocaron en su lugar uno artificial elaborado con tallos vegetales. Luego, la diosa se transformó en milano y, con sus alas, sopló aire en la nariz de Osiris, restauró su alma y pudo así completar la ceremonia para que, por fin, pudiera abandonar este mundo y descansar en el Más Allá.

Antes de despedirse definitivamente y todavía con la forma del ave, abrazó a Osiris por última vez y, utilizando su magia de nuevo, concibió al que sería hijo de ambos: Horus.

Durante muchos años, Isis y Horus vivieron ocultos en el delta mientras Seth reinaba de forma implacable y despiadada. En ese tiempo, Horus recibió adiestramiento diario, entre otras materias, en las artes del combate. La intención de Isis era que su hijo llegara a ser lo bastante fuerte como para enfrentarse un día a su tío y tomar venganza por el asesinato de su padre, para luego convertirse a su vez en el nuevo rey de Egipto.

Con el tiempo, Horus se sintió lo bastante preparado y entonces reunió un ejército con los antiguos partidarios de Osiris y con todos aquéllos que habían sido agraviados o perseguidos por Seth. Una noche se encontró en sueños con su padre, quien le hizo varias preguntas. Entre ellas, cuál consideraba que era la acción más bella que alguien podría llevar a cabo, a la que Horus contestó que vengar a los padres cuando han sido ultrajados. También le preguntó qué animal era más útil para el combate, un león o un caballo, y su hijo contestó que el león está bien para defenderse pero el caballo es mejor porque con él se puede perseguir al enemigo derrotado y exterminarlo. Viendo la determinación de su hijo, Osiris le dio su bendición para iniciar la revuelta contra su tío.

Cuando Seth recibió noticias de la amenaza que le llegaba desde el delta, reunió a sus tropas y las concentró en las planicies de Edfu, en el lugar que pensó más propicio. Para su sorpresa e irritación, antes de comenzar las hostilidades buena parte de sus guerreros abandonaron sus filas y se pasaron a las de Horus. En sus corazones se habían mantenido fieles a Osiris e Isis pero hasta ese momento habían formado parte del ejército de Seth porque pensaban que la diosa reina no se repondría jamás de lo sucedido a su marido. Comenzó entonces la batalla, que fue sangrienta y sin cuartel y terminó con la victoria de Horus.

Seth huyó con unos cuantos fieles, perseguido por los guerreros de su enemigo, que le empujaron hacia el noreste. Así llegó hasta la última ciudad antes del desierto, Tiaru, donde reorganizó a los guerreros que le quedaban e hizo frente de nuevo a los de Horus. Esta segunda batalla fue aún más feroz y también más larga que la anterior. En un momento dado, ambos dioses se encontraron frente a frente y protagonizaron un duelo titánico en el curso del cual Seth dejó tuerto a Horus mientras que éste le cortó los genitales a su tío. Al final, estuvo a punto de matarle y lo único que se lo impidió fue Isis. Su madre se apiadó del asesino de su marido que era también su hermano e, interponiéndose en el ánimo vengador de Horus cuando iba a dar el golpe final, pidió clemencia para Seth a fin de que pudiera ser juzgado por sus crímenes.

LA CONDENA DE SETH

Thot descendió de los cielos de nuevo, curó las terribles heridas que se habían infligido los dioses uno al otro, y después Seth fue encadenado y conducido ante un tribunal integrado por todos los dioses, donde tuvo que responder de sus actos.

Se le impuso como castigo el destierro a las tierras inhóspitas e infértiles del desierto del este, reduciendo su utilidad a la de protector de los ejércitos egipcios cuando se enfrentaran contra tropas extranjeras. Por su residencia en las bermejas arenas del desierto, fue conocido como *el Dios rojo*. Este apodo dio lugar a las suspicacias y el desagrado con que a partir de ese momento fueron tratados los animales de pelo rojizo e incluso los humanos pelirrojos, pues se consideraba que, aun simbólicamente, eran descendencia suya. Incluso podían no ser más que un mero disfraz de Seth para pasearse entre los mortales.

A pesar de ello, aún disfrutó de cierta popularidad en la época de los hicsos, que le adoptaron como su dios, y también en la de algunos faraones que llevaron su nombre como Seti, que valoraban la «rabia invencible» con la que era capaz de batir a sus enemigos. Esto recompuso en parte su imagen y con el tiempo le encontramos subido en la barca mística de Ra, compartiendo con el mismo Horus la defensa del dios solar y la lucha con la terrible serpiente Apofis, que impera en el inframundo.

Horus fue reconocido como legítimo rey de Egipto y, en ese puesto, debido a sus virtudes fue tan amado y honrado como lo había sido su padre. Osiris asumió el poder como regente de la Duat e Isis encontró finalmente algo de paz, convertida en la diosa más poderosa, respetada y admirada sobre la Tierra.

Horus gobernó durante muchos años antes de cansarse de los asuntos humanos y, entonces, decidió partir a los cielos. Él fue el último faraón divino pues, después de su marcha, los que ocuparon sucesivamente el trono durante varios miles de años más fueron primero los héroes, luego los reyes míticos y semidivinos y finalmente los Shemsu Hor o *Compañeros de Horus* que le habían ayudado en la lucha contra Seth. Sólo cuando el último de ellos dejó el poder llegó al mismo el primer faraón dinástico: Menes.

Pero incluso con reyes humanos el nombre de Horus no sólo no fue olvidado sino que todos los faraones lo adoptaron como un título de realeza en vida que, al morir, era sustituido en sus ritos funerarios por el de Osiris.

El ojo perdido

De acuerdo con la leyenda heliopolitana, Horus gobernó como dios supremo con el cielo como alas y el Sol y la Luna como sus ojos derecho e izquierdo respectivamente. Pero el primero es mucho más luminoso que el segundo y esto tiene una razón de ser.

Durante su batalla final, Seth le había arrancado el ojo izquierdo, por lo que la noche se quedó a oscuras, con la única luz de las estrellas. En busca del ojo perdido partió hacia tierras lejanas el dios cazador Onuris, reconocible por las cuatro plumas que ostenta en su tocado, así como por su arma favorita, la lanza, y una cuerda con la cual se dispuso a atar a la Luna para devolverla a su lugar en el cielo.

Tras diversas peripecias, Onuris encontró finalmente a la Luna en las tierras de Nubia y, tal y como había prometido, la manió para arrastrarla de vuelta a Egipto porque no parecía muy dispuesta a regresar, ahora que había probado la vida sin obligaciones ni responsabilidades.

Cuando el dios cazador regresó a casa, descubrió con indignación que la Luna original había sido sustituida en el cielo nocturno por otro ojo. Su luz era más débil y de menor calidad, pero había sido necesario instalar este recambio pues las gentes necesitaban del astro del día y el de la noche para marcar su calendario.

Contrariado, Onuris decidió quedarse con la Luna original en lugar de devolverla al cielo y la colocó sobre su propia frente. Allí se convirtió en el Ureo, que a partir de entonces figura como símbolo protector divino.

A partir de ese momento, el Ureo iluminó su camino con seguridad pues barría las tinieblas y le ayudaba a encontrar siempre el sendero adecuado. Con el tiempo, otros dioses empezaron a utilizarlo también y, finalmente, los propios faraones humanos lo añadieron a la corona real.

El pesaje del alma

En esta estatuilla, Onuris se muestra sólo con dos plumas en lugar de las cuatro que luce habitualmente.

Una queja universal del ser humano a través de las edades es que la justicia no existe en este mundo. Demasiado a menudo vemos cómo quedan impunes los crímenes y las maldades de ladrones, estafadores, violadores, asesinos, tiranos políticos y otros elementos peligrosos de la sociedad.

Sin embargo, todos los maestros espirituales conocidos nos han dicho una y otra vez que esta impunidad es sólo aparente porque existe una Justicia superior, con mayúsculas, que se encarga de equilibrar las cuentas. Si no la vemos actuar con la presteza que nos gustaría, especialmente si no se manifiesta en vida del infractor, lo hace una vez que el individuo fallece: bien en el Más Allá, bien si retorna a la Tierra en un cuerpo nuevo, de acuerdo con la doctrina de la reencarnación que contrariamente a lo que suele creerse no es de exclusividad oriental sino que también la encontramos en Occidente en tiempos precristianos.

Para el descreído y materialista individuo contemporáneo, adorador más o menos inconsciente del codicioso dios semita Mammon, esta advertencia no es sino una ridícula superstición pasada de moda pero, para los antiguos egipcios, un pueblo profundamente religioso en una época que ya de por sí lo era mucho más que la actual, constituía un dogma de fe incuestionable.

Tanto es así que la primera idea de esa Justicia divina de la que guardamos memoria históricamente es justo la que acuñó el Antiguo Egipto, que incluso ideó el símbolo con el que todavía la representamos a día de hoy: la balanza.

Cuando un difunto era sometido a la momificación, uno de los momentos más importantes del proceso lo constituía la cuidadosa extracción y embalsamamiento de sus órganos internos que después eran introducidos en los vasos canopos, cada uno de ellos protegido por un genio funerario diferente. Amset se ocupaba del hígado, Duamutef del estómago, Gebehsenuf de los intestinos y Hapi de los pulmones. La pregunta es: ¿por qué no extraían también el corazón?

La pregunta no es baladí puesto que para ellos no se trataba de un órgano más, sino del más importante con diferencia. Era la sede del entendimiento y el raciocinio, de la misma vida y, como tal, debía mantenerse puro y limpio no sólo para resistir las pruebas de la existencia por duras que fueran sino, más importante aún, para poder llegar a disfrutar algún día de Aaru, paraíso de las gentes de bien que viven felices bajo la protección de Osiris.

¿Por qué no lo extraían entonces para conservarlo mejor, igual que los otros órganos? La respuesta es que el fallecido necesitaba llevarse el corazón consigo al Más Allá para asegurarse la vida eterna en un viaje alucinante que era conocido como el pesaje del alma.

Una vez enterrado en su sarcófago, el muerto iniciaba su peligroso viaje a la Duat a través de Ba, uno de sus cuerpos internos, que aparece en los jeroglíficos representado como un pájaro con cabeza humana. El Ba utilizaba las instrucciones contenidas en su ejemplar, en forma de papiro, del *Libro de los muertos*, que había sido sepultado junto a su cuerpo físico. El texto le guiaba en el otro mundo, ayudándole con sus diferentes conjuros a atravesar toda suerte de dificultades, como inmensos lagos de agua hirviente o amenazantes ríos de fuego. Si lograba superar todos los obstáculos sin perderse en las siniestras estancias del inframundo, alcanzaba las mismas puertas del Aaru.

Anubis prepara la balanza que abre o cierra el acceso al Aaru: en un platillo, el corazón del muerto y, en el otro, la pluma de Maat.

Al llegar a esta encrucijada, si tenía amigos o familiares fallecidos con anterioridad y que gracias a sus méritos residieran junto a los dioses, podían recibirle y darle ánimos…, porque el viaje no había terminado todavía. Faltaba la gran prueba final.

Pasaba entonces a la Sala de las dos Verdades y allí encontraba un tribunal de dioses presidido por el propio Osiris, que actuaba como juez supremo, acompañado de Anubis, que ejercía de oficial, y de Thot, que en su calidad de escriba tomaba nota de todo lo sucedido en el juicio, junto con un grupo de dioses menores asistentes. En el mismo lugar había también una enorme balanza.

El Ba debía entregar a Anubis su corazón, el Ib, que recordaba todas las buenas obras hechas en vida por el difunto y que era depositado en el platillo izquierdo de la balanza. Después, el mismo Anubis colocaba en el platillo derecho una pluma de avestruz de la diosa Maat, deidad de la justicia, la armonía y la verdad, que contenía todas las malas acciones de la misma persona durante su existencia.

Después, los dioses iban preguntando al Ib sobre los hechos del difunto, lo que había hecho y lo que no durante sus años sobre la tierra, y era el propio corazón el que contestaba, por lo que no existía posibilidad de mentir. En total, el jurado estaba compuesto por 42 jueces. Cada uno de ellos se encargaba de un pecado específico y preguntaba por él.

El difunto podía enumerar las llamadas Confesiones Negativas para justificar su derecho a la salvación. Hay varias versiones de esta declaración de inocencia, de acuerdo con las distintas traducciones de diferentes papiros, pero en esencia pueden resumirse así:

1. No he obrado el mal.

2. No he cometido violencia.

3. No he guardado rencor ni atormentado los corazones.

4. No he robado.

5. No he hecho matar a traición a nadie.

6. No he limitado las ofrendas a los dioses.

7. No he perjudicado a nadie.

8. No me he apoderado de lo que es de los dioses.

9. No he dicho mentiras.

10. No me he apoderado de lo que pertenece a otro.

11. No he hecho correr las lágrimas de otro.

12. No me he entregado a la estéril masturbación.

13. No he fornicado.

14. No me he dejado llevar por la cólera.

15. No me he comportado como un usurero con el grano ni he transgredido la ley.

16. No he matado a ningún animal sagrado.

17. No he divulgado secretos ni cometido perfidia.

18. No he provocado daños en las tierras de cultivo.

19. No he acusado en falso a nadie.

Pedro Pablo G. May

20. No he hablado mal de nadie.

21. No me he dejado llevar por la ira salvo en caso de injusticia.

22. No he tenido sexo con mujeres casadas con otros hombres.

23. No he provocado el hambre ni quitado la leche al niño.

24. No he causado terror a los demás.

25. No he cometido ilegalidades.

26. No he desoído las palabras de Maat, la diosa de la verdad.

27. No he causado sufrimiento ni tristeza.

28. No he practicado maleficios.

29. No he sido arrogante ni soberbio.

30. No he realizado actos de rebelión.

31. No he tenido prejuicios hacia otros.

32. No he lastimado a los animales sagrados.

33. No he hablado de más.

34. No he herido a nadie ni he hecho daño a ningún enfermo.

35. No me he levantado contra el faraón.

36. No he contaminado el agua.

37. No he blasfemado contra los dioses.

38. No me he comportado con insolencia.

39. No me he aprovechado de otros ni he hecho que el amo maltratara al esclavo.

40. No he hurtado ni he echado a perder las ofrendas.

41. No he blasfemado.

42. No he despreciado a los dioses en mi corazón.

Los jueces divinos acogen con agrado esta declaración pero, como es obvio, no es suficiente: exigen pruebas de lo que afirma el muerto ya que sólo un santo podría reunir sinceramente semejante pureza. La mejor manera de comprobar la verdad es, pues, el pesaje en la balanza. Si el platillo del corazón pesaba más que el de la pluma, la persona había compensado todo lo malo que hubiera podido hacer con un número mayor de actos buenos y por tanto merecía ser salvada. El tribunal de los dioses abría entonces las puertas de Aaru al Ba, que pasaba a disfrutar del paraíso junto a sus conocidos. Mas, si el platillo de la pluma pesaba más que el del corazón, la persona era indigna de ser salvada por su existencia vil, aunque se hubiera arrepentido verdaderamente de todos sus pecados a última hora. No había posibilidad de enmienda ni de compensación, llegados a este punto.

Ammit *la Devoradora*, una bestia monstruosa en parte cocodrilo, en parte león, en parte hipopótamo, ejecutaba la sentencia única para todo tipo de criminales: se comía su corazón, con lo que condenaba a la persona a la Segunda Muerte, también la definitiva, porque jamás alcanzaría la inmortalidad sino que su esencia se desintegraría en el universo.

Los griegos heredaron la balanza como símbolo de la justicia para su diosa Themis y después lo hicieron los romanos para la suya, Iustitia. De ahí pasó a la Edad Media y, varios miles de años más tarde, la idea sigue entre nosotros.

La teología de Menfis

Menfis, la capital del Bajo Egipto, tenía su propia teología, relacionada especialmente con el mito de la creación, y aquí el dios principal es Ptah, dios engendrador y constructor. Fue conocido entre otros títulos como el *Alfarero divino* pues, al igual que los artesanos que fabrican platos, jarras y vasos a partir del barro, él concibió el mundo utilizando la caótica materia primordial preexistente de Nun. De hecho, llegó a ser identificado con el propio Nun.

Como señor del orden y la armonía, causa primera de todos los demás efectos, Ptah creó a los otros dioses comenzando por Atum, diseñó las capillas de sus templos y estableció el tipo de ofrendas que se le debía a cada uno, pero además construyó las ciudades, fijó los nomos y permitió el desarrollo de la civilización.

Ptah estaba presente en distintas trinidades de importancia, según cuentan los antiguos textos egipcios. La triada menfita, por ejemplo, está compuesta por él, en compañía de su esposa, la diosa leona Sejmet, y de su hijo Nefertem, al que algunos estudiosos consideran un «puente» entre la teología menfita y la heliopolitana. En uno de los himnos a Amón se explica que «todos los dioses son tres: Amón, Ra y Ptah y nada puede compararse con su alta realidad». Otra inscripción señala que Ptah Atum representa el pensamiento, Ptah Horus, el corazón y Ptah Thot, la palabra...

Como alfarero divino, es patrón de todos los artesanos, que de alguna forma están también representados en los hijos y a la vez ayudantes de Ptah: los conocidos como Patecos. Su figura es grotesca, pues suele representárseles como seres deformes o enanos, calvos, desnudos y con las manos en jarras junto a la cintura.

La teología menfita guarda un lugar especial para otros dioses: Hathor, Apis y Jnum.

En el caso de Hathor, expresión de la gran divinidad femenina y diosa vaca que porta el disco solar entre los cuernos propiciando la abundancia y el placer, también hay una relación con Heliópolis ya que, según versiones, se presenta como esposa o como madre de Horus y, en época tardía, se funde con la propia Isis.

En cuanto al dios buey Apis, su culto llegó a ser muy popular en las Dos Tierra, si bien su principal santuario estaba en Menfis, donde se apodaba *Primavera de Ptah* al ejemplar considerado como encarnación del dios. La primera vez que llegó al mundo, Ptah fecundó a una ternera virgen en la forma de un fuego celeste para luego nacer dentro de ella y convertirse con el tiempo en el esperado toro negro sagrado. En su templo menfita vivía durante veinticinco años y durante ese período todos sus movimientos eran observados y se consideraban augurios fiables. Al cabo de ese tiempo, si el animal no había muerto antes, era ahogado ceremonialmente en el Nilo y embalsamado y enterrado con gran pompa en el Serapeo, un colosal templo subterráneo. Tras dos meses de luto, los sacerdotes se dedicaban a buscar a su sucesor, que debía cumplir una serie concreta de condiciones para ser reconocido. Así, debía poseer una mancha en forma de

Apis es un dios de la fertilidad y también está relacionado con los ritos funerarios.

triángulo blanco en la frente, otra con la figura de un buitre con sus alas abiertas sobre el dorso, otra en forma de luna creciente en el flanco derecho y una cuarta con la del escarabajo en la lengua.

Respecto a Jnum, la deidad con cabeza de carnero y señor de la isla de Elefantina, era otro dios alfarero al que también se consideraba como creador de dioses y hombres. Hay quien ha sugerido que pudiera ser una versión posterior de Ptah o, más probablemente, un dios en principio diferente aunque con funciones similares que terminó fundiéndose con él. Su leyenda más característica explica que no sólo modelaba a los seres humanos en su torno sagrado utilizando barro del Nilo sino que también creaba su Ka cuando nacían. Mas un día se aburrió de esta tarea y destrozó el torno en múltiples pedazos. Luego introdujo una parte del instrumento en cada una de las mujeres que había creado y, desde ese momento, son las mujeres las encargadas de crear las vidas nuevas.

La teología de Hermópolis

Si la teología heliopolitana está basada en nueve dioses, la Enéada, la teología hermopolitana cuenta con ocho, la Ogdóada, pero éstos últimos precedían a los anteriores, según sus sacerdotes.

Los griegos identificaron a su dios Hermes con el egipcio Thot y por eso llamaron Hermópolis Magna, *Gran Ciudad de Hermes*, a la antigua ciudad egipcia de Jemnu, apodada *La de los Ocho* precisamente en honor a las cuatro parejas de divinidades primordiales que componen su panteón y que suponen un intento de personificar y por tanto comprender el caos inicial previo a la creación.

Estas entidades aparecen y actúan siempre en grupo y de manera coordinada. Sus nombres son Nun y Naunet –que conforman las aguas primordiales en su aspecto masculino y femenino–, Huh y Huet –el espacio infinito y la inmensidad–, Kuk y Kauket –lo oscuro y las tinieblas– y Amón y Amonet –lo oculto y lo misterioso–.

La cuarta pareja varía según versiones: en algunos textos se trata de Nia y Niat –la indeterminación espacial y lo misterioso de la vida–.

Para resaltar su condición acuática, estas deidades aparecen representadas como seres antropomorfos que poseen cabeza de rana en el caso de los masculinos y, de serpiente, en el de los femeninos. Son en cualquier caso los habitantes de la primera tierra que surgió del abismo, la isla primordial Shmun, donde un pájaro divino depositó un huevo cósmico del cual saldría el mismo Ra, dios del Sol. Según distintas versiones, ese pájaro fue la mítica ave Bennu o bien un ganso cósmico sin nombre definido o incluso el propio Thot en forma de ibis, su principal animal consagrado.

Sea como fuere, al romperse el huevo cósmico, apareció Ra, quien ascendió a los cielos y, tras tomarse allí un generoso descanso, se dedicó a crear todas las cosas del mundo con ayuda del resto de los dioses. De acuerdo con algunas leyendas, parte de la cáscara de ese huevo estaría enterrada en algún lugar del templo de Thot en Hermópolis.

Otra variante de esta teología refiere la aparición en las aguas primordiales de una flor de loto azul que flotó plácidamente en la superficie durante un tiempo indefinido hasta que sus pétalos se abrieron y de su interior surgió el dios escarabajo Jepri –un aspecto de Ra relacionado con el Sol naciente– o bien un niño llorando –el propio Ra en su etapa de infante– cuyas lágrimas fueron empleadas para formar a los seres vivos.

La fuerza que tenía la imagen del niño saliendo de la flor de loto llegó a generar un ceremonial que incluía la presentación al dios, por parte del faraón, de un loto elaborado con metales preciosos. Además, esta planta se convirtió en todo Egipto en símbolo de esperanza y de luz espiritual.

Hermópolis Magna es, además, la ciudad de Thot, algunas de cuyas andanzas ya se han repasado en párrafos anteriores. En el antiguo Egipto era apodado Semsú, *el Grande*, pero también Djehuty, que significa *el de Djehut*, en referencia a la localidad también llamada Hermópolis Parva o *Pequeña Ciudad de Hermes*, donde podría haber comenzado su culto.

EL DIOS PLURIEMPLEADO

Las funciones y responsabilidades de Thot son numerosas. Él es la Lengua de Ptah o, lo que es lo mismo, el Verbo creador. Como inventor de los jeroglíficos es el primero de los escribas, secretario y notario de los dioses. También, una especie de primer ministro cósmico o gran visir hasta que él mismo asciende a faraón y, tras regir Egipto durante 3.200 años, sube a los cielos donde se le saluda como Toro magnífico entre las estrellas.

Conoce la sabiduría, la magia y la medicina: los medicamentos son *saliva de Thot*, como la que utilizó para pegar el ojo a Horus y los genitales a Seth tras el terrible último combate que les enfrentó en el drama osiríaco. Es además, juez y árbitro en las disputas –se le llama Upu sehui, que significa *El que juzga a los compañeros*– y su fallo resulta inapelable, como sucede al nombrar a Horus como nuevo y legítimo rey de Egipto.

Es un dios de la Luna, pero al mismo tiempo también del Sol y, como inventor del calendario, recibe los apelativos de *Amo del Tiempo* y *Señor del Destino*. Inspira a sus devotos y les enseña las grandes verdades. Ayuda en el juicio de Osiris para decidir si el difunto merece o no pasar a la vida eterna...

Y todo esto lo hace con amabilidad y alegría. Durante los festejos de Thot tras la luna llena, una fórmula de saludo común en Hermópolis era «*Dulce es la verdad*» en honor a la dulzura del dios.

El disco lunar de Thot

En su calidad de divinidad lunar, Thot luce un maravilloso disco sobre su cabeza, aunque su origen es un tanto escabroso.

El disco lunar que Thot porta sobre su cabeza posee un origen obsceno.

Según relata una leyenda, Horus no estuvo siempre oculto o en guerra contra Seth sino que durante su juventud tuvo oportunidad de relacionarse con su tío. En cierta ocasión, éste le invitó a pasar el día en su palacio y le obsequió con una jornada entretenida pero, al llegar la noche, quiso abusar sexualmente de él «como se hace con los prisioneros».

De esta manera pretendía poner en inferioridad a su sobrino para, en el futuro, probar ante el tribunal de los dioses que tenía más derecho que él al trono de Egipto, puesto que se había sometido a sus deseos. En el Mediterráneo Oriental, la homosexualidad está tradicionalmente mal vista pero si un hombre penetra a otro, se considera que el homosexual es sólo el segundo, porque el primero también puede penetrar a una mujer. Horus se resistió a ser violado pero no pudo evitar que Seth, muy excitado, eyaculara sobre él y manchara las manos de su sobrino con su semen.

Avergonzado por lo ocurrido y temeroso de las consecuencias que pudiera tener para él, el joven Horus huye del palacio y acude junto a Isis, a la que le cuenta todo. Su madre, previendo las intenciones malévolas de Seth, procede a cortar las manos de su hijo y a arrojarlas en un pantano del delta. En su lugar, le coloca unas manos nuevas y puras, de manera que el semen derramado no pueda convertirse en testigo contra Horus e impedir sus aspiraciones a recuperar el trono de Osiris, usurpado por Seth.

Luego, Isis urde y pone en práctica un plan para poner en ventaja a su hijo. Acude al huerto de Seth y hace que Horus vierta su semen sobre las lechugas que allí se cultivan y que constituyen su verdura favorita. De esta forma, Seth termina comiendo una lechuga impregnada con el semen de Horus.

Los años pasan, la guerra entre Horus y Seth se desata y sabemos, por la teología heliopolitana, cómo termina: con la derrota del tío a manos del sobrino, que está a punto de matarle y si no lo hace es porque Isis intercede por él, lo que por cierto desata la rabia de su hijo, que no concibe compasión para el enemigo derrotado.

Entonces se reúne el tribunal de los dioses bajo el arbitraje de Thot y, a pesar de haber sido vencido en el campo de batalla, Seth utiliza el as en la manga que tenía guardado: sigue siendo superior a Horus porque abusó sexualmente de él. Así lo revelará su semen desde las manos de su sobrino, si su esencia es invocada. Thot procede entonces a la invocación mágica y, en efecto, el semen se manifiesta, pero desde el fondo de las aguas donde fue arrojado junto con las antiguas manos de Horus, por lo que Seth queda como un mentiroso que en realidad se masturbó en el pantano y su alegación se viene abajo.

Horus contraataca con su propio truco sucio: su victoria militar sobre su tío no es más que otra expresión de su superioridad sobre él, como el hecho de que es su semen el que se encuentra en el interior de Seth. Da a entender así que fue él quien abusó sexualmente de su enemigo y reclama que Thot repita la invocación. Así lo hace este dios y, para sorpresa de Seth, el semen de Horus revela que se encuentra en el interior de su cuerpo. Thot ordena al semen que salga de Seth y que lo haga por una oreja pero el semen se niega aduciendo que ése no es un lugar lo bastante noble para un fluido divino. Thot le dice que salga entonces por la frente de Seth y así lo hace finalmente pero, al contacto con el aire, se convierte en un disco lunar.

Indignado y encolerizado por lo que estaba sucediendo, Seth alzó sus manos para al menos capturar el disco pero Thot fue más rápido y lo colocó como adorno encima de su cabeza. Y allí sigue desde entonces.

La teología de Tebas

Si Menfis fue la gran capital egipcia en un primer momento, Tebas le tomaría el relevo, especialmente a partir del faraón Amenenhet de la dinastía XII, a primeros del siglo XX antes de Cristo. Gracias a su ubicación en el sur de Egipto los tebanos lograron mantener la independencia tras la invasión de los hicsos en el norte de las Dos Tierras y fueron los faraones de la dinastía XVIII, ligados a su ciudad, los

Pedro Pablo G. May

que lograron expulsar a los invasores e instaurar el llamado Imperio Nuevo.

Es en esta época, entre el siglo XVI y el XI antes de Cristo cuando la urbe alcanza su mayor esplendor y poder y también lo hace la casta sacerdotal, cuya influencia llegó a superar a la del faraón e incluso a sustituirle puesto que algunos sumos sacerdotes ostentaron la corona y gobernaron a través del Oráculo del dios Amón, quien imponía sus dictados tanto a vivos como a muertos. Tras un largo período de decadencia, el historiador griego Estrabón describía Tebas en el siglo I después de Cristo como un pequeño pueblo rodeado de antiguas ruinas…

La sala hipóstila del complejo de templos de Karnak es un recuerdo de la gloria de la ciudad de Tebas.

Si la teología heliopolitana descansa en Ra, la menfita gira en torno a Ptah y la hermopolitana honra a Thot, el gran protagonista de la teología tebana es Amón. Este dios mantuvo su particular pulso por el poder religioso con Ra, o más bien lo mantuvieron sus respectivos sacerdocios. Finalmente lo ganó y asumiendo la categoría de divinidad suprema ejerció desde entonces las funciones de su rival bajo el nombre con el que generalmente se le conoce: Amón Ra.

El poder de Amón creció muy rápido y en muy poco tiempo, absorbiendo a su paso a diversas divinidades y sumando una función tras otra. Ostenta títulos como *El más grande de los dioses*, *El padre de los dioses y de los hombres* o *El Director del Universo* entre otros muchos. Emparentado con Shu, es *Alma del Viento* y *Padre de todos los Vientos* y, como tal, patrón y protector de navegantes lo cual es como decir de todos los egipcios, habida cuenta que su vida sólo tenía sentido a través del río Nilo.

Es también un dios de amor pues de acuerdo con los textos de los papiros «*ama al que ama*» y no sólo se complace en proteger a los

82

faraones sino también a los más humildes. Varios textos lo expresan con claridad: *«escucha los ruegos de cuantos a él se dirigen"* y, de hecho, la expresión egipcia *Amoni Amon*, muy utilizada en su época, se puede traducir como *«Amón, ven a mí"*, un juego de palabras paradójico dado que se invoca de manera personal a lo que por definición es desconocido, oculto y misterioso y, sin embargo, acude. En este sentido, sus oráculos en los templos dedicados a su culto se hicieron muy populares.

Forma parte de la trinidad más importante de la antigüedad, relacionada con la creación, junto con Ptah y Ra. De acuerdo con numerosos himnos sagrados, Amón es aquí el equivalente al espíritu inmortal, Ra es el alma y Ptah, el cuerpo. Con el tiempo, se extiende incluso de manera pública el concepto hermético recogido en distintos textos sacros de que "Amón es todos los dioses" y se crea un lenguaje especial y secreto para expresar sus misterios, sus poderes y su influencia sobre el devenir de los acontecimientos: el amonio.

Tal importancia adquirió esta deidad que los griegos lo compararon con su dios principal, Zeus, y los romanos hicieron lo propio con el suyo, Júpiter. De la misma forma, su esposa Mut –también conocida como Amonet o Amahuet- pasó a ser comparada con la Hera griega, la Juno romana, y popularmente conocida como *la Madre*.

La conocida como tríada tebana se completa con el hijo de Amón y Mut, que es Jonsu: un dios lunar apodado como *El Viajero* o *El Navegante*, quien vigilaba el transcurso de los meses y de los años, mano a mano con Thot.

La teología de Amarna

Amarna o Tell el Amarna es el nombre actual del lugar donde durante un breve puñado de años se asentó la ciudad de Ajetatón, *Horizonte de Atón*, la nueva capital de Egipto fundada por el conocido

Apenas quedan restos de Ajetatón, ciudad que fue demolida y asolada tras la muerte de Ajenaton.

como «faraón hereje»: Amenhotep o Amenofis IV, quien cambió su nombre por el de Ajenaton.

La figura de este faraón es controvertida. Para algunos estudiosos, se trata de uno de los principales místicos y reformadores espirituales de la antigüedad, creyente en la religión del amor y devoto esposo y padre y como tal fue retratado en la famosa novela de Mika Waltari *Sinuhé el egipcio*. Para otros, fue un fanático y dictatorial rey teocrático que se desentendió de sus responsabilidades de Estado y sacudió los cimientos de Egipto durante su reinado, inferior a veinte años.

Reinó como el décimo faraón de la dinastía XVIII en el siglo XIV antes de Cristo, durante el Imperio Nuevo. Fue hijo de Amenhotep o Amenofis III, el faraón más rico de su época y de toda la dinastía, que administró un imperio poderoso durante casi 40 años.

Cuando su hijo le sucedió, se coronó con el mismo nombre que su padre, que significa *Amón está satisfecho*. Sin embargo, a los pocos años lo cambió por el de Ajenaton, que significa *Agradable a Atón*. Su esposa fue Nefertiti, de quien conservamos un bellísimo busto en el Neues Museum de Berlín, y quien amasó fama de mujer muy hermosa a la par que gran gobernante y corregente en el poder junto a su marido.

Ambos tuvieron media docena de hijas, pero ninguna de ellas sería faraona. Sí llegó al trono otro de sus descendientes, Tutanjaton, hijo nacido de otra de sus hermanas y cuyo lugar en la Historia no se debe a sus aportaciones políticas, militares o religiosas, ya que murió muy joven, sino al hecho de que su tumba fue encontrada intacta con un enorme volumen de objetos preciosos en su interior. Mucho antes, Tutanjaton había cambiado su nombre por el de Tutanjamon, como hoy le conocemos.

El equipo del arqueólogo alemán Ludwig Borchardt encontró el busto de Nefertiti entre los restos de la casa de Tutmosis, un escultor al servicio de Ajenaton.

Ajenaton está considerado como el primer gran reformador religioso conocido y el primero que apostó formalmente por el monoteísmo, ya que no sólo impuso la adoración al dios Atón como culto oficial del Estado sino que lo convirtió en exclusivo y ordenó que cesara la veneración al resto de los múltiples dioses del país. Además, se proclamó a sí mismo como el único interlocutor de Atón, autoerigiéndose como una especie de dios vivo por encima de cualquier otra persona, en especial del sumo sacerdote de Amón, que ostentaba entre otros el título de *Jefe de los sacerdotes de todos los dioses* y rivalizaba en poder con el propio faraón.

En realidad, Amón y Atón no se diferencian demasiado, como indica el hecho de que fonéticamente sus nombres sean tan similares. Ambos aluden en el fondo al poder espiritual y vital oculto tras el Sol físico y quizás después de todo resulten ser la misma divinidad, interpretada de maneras diferentes en distintas regiones, algo muy corriente en el panteón egipcio.

EL HIMNO A ATÓN

El Sol es, en el fondo, el principal dios de los antiguos egipcios. O mejor deberíamos referirnos al gran espíritu tras el astro rey: una especie de hermano mayor de los iniciados en los Misterios, cuyo poder es tan inmenso que un simple cuerpo humano es ya incapaz de acogerlo y por ello precisa una estrella para manifestarse en el plano físico.

Hace unos 3.400 años, Ajenaton escribió, sólo o con ayuda de sus sacerdotes, uno de los himnos más importantes de la historia de las religiones en agradecimiento, respeto y amor hacia el que consideraba como su padre espiritual.

Decía, entre otras alabanzas: «...*Apareces resplandeciente en el horizonte del Cielo, oh Atón vivo, creador de la vida. Cuando amaneces en el horizonte del este, llenas a todas las regiones con tu perfección. Eres hermoso, grande y brillante. Te elevas por encima de todas las tierras. Tus rayos abarcan los países hasta el límite de cuanto has creado. Siendo Ra, alcanzas sus límites y los dominas para este hijo bienamado por ti...*»

Las reformas religiosas de Ajenaton también afectaban a cuestiones muy mundanas, principalmente a la necesidad de combatir la creciente potestad y corrupción de la clase sacerdotal, en especial la de Amón. Esta casta era por entonces prácticamente tan rica y poderosa como la familia real y se había apoderado de numerosas parcelas de autoridad más allá de sus deberes religiosos para influir en la política, la economía y la vida social del país al margen de la opinión del faraón. De hecho, el culto a Atón había sido promocionado por los predecesores de Ajenaton en el trono como un intento de frenar ese aumento de poder sacerdotal pero sin grandes resultados, por lo que Ajenaton decidió dejarse de medias tintas e imponer su supremacía de forma radical.

Para escenificar la ruptura con el pasado, mandó construir Ajetatón, una ciudad completamente nueva a medio camino de las dos grandes capitales históricas: Tebas y Menfis. Allí se mudó con su familia y su corte y plasmó en primer lugar sus reformas religiosas. Estos cambios incluyeron las ceremonias al aire libre en templos abiertos y a la vista de cualquiera en lugar de los santuarios cerrados, oscuros y sólo accesibles a los iniciados en sus misterios, como había sido corriente. También fueron eliminadas las imágenes de los dioses en esculturas, relieves o muebles y sustituidas por escenas protagonizadas por la familia real y el dios Atón en su papel de dador de vida y protector.

Atón significa *El que es Todo* o *El que está completo* y su representación no tiene nada de humana: aparece siempre como un disco solar del que parten varios rayos que finalizan en manos extendidas o sujetando cada una de ellas un anj. Es una divinidad de bondad, belleza, vitalidad y armonía. Sin embargo, la mayor parte del pueblo egipcio no fue capaz de asimilar con facilidad la sustitución de los antiguos dioses, cuyas imágenes y atributos conocían bien, por la nueva deidad, más conceptual y abstracta.

El reinado de Ajenaton, que quiso mirar más hacia el interior de Egipto que hacia fuera de sus fronteras, como lo habían hecho sus predecesores para agrandar el imperio, se vio marcado por una creciente inestabilidad internacional, debido al poder militar que fue acumulando el pueblo hitita y que llegó a amenazar no sólo a los aliados de Egipto sino a sus propias fronteras.

El descontento interno fue en aumento, alimentado por los numerosos enemigos que el faraón se había granjeado entre los sacer-

Ajenaton o Akenatón fue el décimo faraón de la dinastía XVIII de Egipto.

dotes y sus familiares y amigos. Estos enemigos, a la postre, oscurecieron el final su reinado puesto que no se sabe cómo murió ni cómo terminaron exactamente las cosas, más allá de que tras su muerte el sacerdocio de Amón recuperó el poder y se encargó de eliminar toda referencia histórica de la existencia de Ajenaton y su familia.

Con el tiempo, los registros oficiales obviaron a los gobernantes amarnienses indicando que el sucesor de Amenofis III había sido el general Horemheb, comandante de los ejércitos de Ajenaton, que logró coronarse faraón merced a sus intrigas políticas pese a carecer de sangre real.

La corte y la administración regresaron a Tebas. Sólo quince años después de su fundación, hacia el tercer año del reinado de Tutanjamon, la ciudad de Aketaton fue abandonada y sus edificios progresivamente destruidos para reutilizar los escombros como material de construcción. Un velo de silencio cayó sobre la existencia de Ajenaton hasta que su tumba fue descubierta a principios del siglo XIX por el arqueólogo Flinders Petrie, quince años antes de que Howard Carter descubriera la de su hijo Tutanjamon.

CAPÍTULO 3

CLAVES MITOLÓGICAS Y RELIGIOSAS

El día a día de los antiguos egipcios, como en general el de los habitantes de todas las civilizaciones de épocas remotas, estaba muy marcado por las constantes referencias a sus mitos y a sus creencias religiosas. Sin embargo, nuestros antepasados no eran más supersticiosos ni más tontos que nosotros. Más bien al contrario. Nos cuesta pensar que pudieran ser tan inteligentes, hábiles o astutos, como los hombres contemporáneos o incluso más, pero debemos tener en cuenta que la mayor diferencia que nos separa de ellos es la tecnología. Y lo hace para bien y para mal.

Donde hoy disponemos de luz eléctrica, ellos usaban antorchas; sus carros y caballos son nuestros coches y motos; no tenían grifos en casa sino manantiales en el campo y fuentes en las calles; sus vajillas de barro y cerámica podríamos usarlas ahora sin problemas; el urbanismo de las ciudades antiguas, como muestran las excavaciones de Pompeya, por ejemplo, es muy parecido al de una población moderna...

Además, hoy como ayer, el ser humano busca las mismas cosas básicas: quiere seguridad para sí mismo y los suyos, reconocimiento

El Templo de Edfu es el segundo templo más grande
de Egipto después de Karnak.

ajeno, amar y ser amado, un lugar al que llamar hogar, una ocupación que le guste y dignifique, un plato abundante para comer...

Y sólo un reducido grupo de personas, en todas las épocas históricas, buscan también y sobre todo conocimiento y sabiduría.

Si bien la inmensa mayoría de ellos no sabía leer y mucho menos escribir y además carecía de las posesiones materiales y las comodidades de un ciudadano actual, nuestros ancestros contaban sin embargo con dos grandes ventajas frente a nosotros.

En primer lugar, su vida transcurría durante la mayor parte del día, e incluso de la noche, en el exterior, máxime en un país de clima en general benigno como Egipto. No se encerraban en cuanto podían en sus casas —muchos ni siquiera disponían de una casa en la que encerrarse— para «olvidarse del mundo» y entregarse a los múltiples grados de confort y placer cotidiano de los que hoy disponemos, desde la luz eléctrica hasta un sofá mullido, pasando por una nevera repleta de alimentos muy variados o diversos dispositivos para ver películas y otros entretenimientos. A primera vista puede parecer una desventaja para ellos pero, al estar en constante contacto con la Naturaleza y tener que ganarse el sustento a diario, su fortaleza tanto física como mental era muy superior a la nuestra y, además, comprendían mejor los fenómenos naturales porque no les quedaba más remedio si querían seguir vivos un día más. No jugaban con su propia existencia, no podían permitirse el lujo de perderse en ensoñaciones o dejarse envolver por la autocompasión. Había que apurar cada momento. Como dijo el poeta romano Horacio: *Carpe diem*.

En segundo lugar, tenían mucho más tiempo que nosotros para pensar. El hombre hoy día está por lo común completamente hipnotizado y entregado a la tecnología: en los últimos años, de manera especial a las pantallas que absorben su alma a través de televisores, ordenadores y teléfonos móviles. A diferencia de él, el hombre antiguo trabajaba con la realidad inmediata, con lo tangible, con lo que estaba a su alcance. Incluso en el caso de pertenencia a las capas sociales más bajas —los siervos y los esclavos— la sumisión era, a menudo, sólo física, ya que su mente podía vagar libre, sin condicionamientos publicitarios ni ideológicos. Si hacía algo era porque quería y podía, no porque le obligaba la información injertada en su cerebro, como sucede hoy, cuando compramos, opinamos, vestimos, votamos e incluso pensamos no de acuerdo a lo que realmente deseamos sino a lo que nos impone el mundo exterior, casi siempre de forma callada e inadvertida pero eficiente, a través de la publicidad y la propaganda. En esas condiciones, lo religioso y, en los casos más evolucionados, lo espiritual, le permitía encontrar su lugar en el mundo y un sentido a su paso por él que hoy muchas personas buscan de manera desesperada y a menudo sin éxito hasta el final de sus días.

El resultado de todo esto es que su vida podía ser más dura o más corta que la nuestra –no necesariamente, pues en la Antigüedad también había gentes que vivían tanto como hoy día, siempre que dispusieran de los recursos económicos para permitírselo– pero sin duda solía ser más intensa y, en más casos de lo que podría parecer en un primer momento, mejor aprovechada.

En este marco general, mitología y religión desempeñan un papel fundamental en el acercamiento a cuanto le rodeaba y a su posterior comprensión del día a día. Existía también la superstición, naturalmente: de la misma exacta manera que la padecemos en la actualidad, cuando compramos lotería con las cifras de nuestro cumpleaños, nos levantamos de la cama con el pie derecho, nos negamos a pasar por debajo de una escalera aunque haya sitio de sobra, miramos de reojo el calendario si resulta que es martes y trece, tocamos madera no vaya a ser que se nos tuerza un plan...

No obstante, el hecho religioso sincero no suele ser fruto de un delirio sino que más bien deriva de la observación de la realidad y de la necesidad de interpretarla y explicarla de una manera lógica, ya que no siempre racional.

Por ejemplo, no es en absoluto extraño que el Sol sea la principal divinidad en casi todas las culturas que conocemos, por cuanto a diario nos ofrece su luz y su calor, sin los cuales difícilmente estaríamos vivos. En el caso del antiguo Egipto, es el dios más importante con el nombre de Ra y, más tarde, Amón Ra. Los faraones tenían entre sus títulos el de Sa Ra: literalmente *Hijo del Sol*.

Por la misma razón encontramos otros dioses asociados a hechos físicos, como la Luna, el Nilo o el desierto, así como a los sucesos más importantes como el nacimiento, el amor, la guerra, la muerte o el comercio. Partiendo de esta base, podemos enumerar una serie de claves básicas que es preciso conocer para mejor comprender las historias de las antiguas deidades egipcias.

Los amuletos

Todas las culturas han desarrollado el concepto de amuleto: un objeto portador de fortuna y protección frente a los enemigos tanto visibles –desde belicosos reyes vecinos hasta ladrones y saqueadores de tumbas, pasando por picaduras de animales venenosos– como invisibles –por lo general, demonios o dioses enojados por cualquier circunstancia–.

Los vendajes de las momias egipcias contaban con talismanes muy variados, desde el conocido Udyat u Ojo de Horus, hasta el bucranio, un talismán de piedra modelado como la cabeza de un buey con los cuernos en forma de luna creciente. Los más comunes tenían forma de escarabajo o escarabeo, a menudo de color azul, en recuerdo al dios Jepri: aún a día de hoy son uno de los obsequios más comunes para el turista.

Hoy seguimos utilizando amuletos parecidos, como las medallas o imágenes de vírgenes y santos a los que encomendarnos cuando tenemos cualquier problema, las bufandas «de la suerte» de nuestro equipo favorito de fútbol que ondeamos para ayudarle a ganar el partido o los objetos personales de nuestros artistas preferidos por

Esta combinación de un Anj y un Udyat podía proporcionar un caudal de «buena suerte» a su poseedor.

los que, a pesar de ser perfectamente vulgares, podemos llegar a pagar una pequeña fortuna para poder sentirnos más cerca de nuestros ídolos.

Los animales sagrados

Uno de los aspectos más llamativos de las ceremonias egipcias representadas en sus jeroglíficos es la aparición de híbridos, empezando por los propios dioses que a menudo son representados con cabeza animal y cuerpo humano. A día de hoy los más conocidos son el dios carnero Amón, el dios chacal Anubis, la diosa gato Bastet, el dios halcón Horus, el dios ibis Thot, la diosa leona Sejmet, el dios toro Apis, la diosa vaca Hathor y el dios cocodrilo Sobek. Sin embargo, había muchos más: la diosa hipopótamo Taueret, el dios lobo Upuaut, la diosa rana Heket, la diosa serpiente Uadyet o el dios buitre Nejbet, entre otros.

Bastet es una diosa protectora del hogar, el amor y la armonía.

Mención aparte merece Seth, del que todavía desconocemos a qué ser representa exactamente.

Todo parece indicar que los egipcios disponían de una deidad para cada animal que existiera en sus tierras pero ¿por qué? Desde el punto de vista del Ocultismo, nos encontramos aquí ante uno de los misterios asociados a la teurgia, aunque la explicación más usual hace referencia a la veneración de los seres vivos como encarnaciones de la divinidad y, de nuevo, al simbolismo. Cada uno de estos animales disponía de unas virtudes y unos defectos que eran asociados al dios respectivo, por lo que invocarlos equivalía a llamar también a su forma de enfrentar al mundo, además de honrar las actividades tradicionales de los territorios donde moraban.

Cada nomo rendía culto a uno u otro animal y no sólo dedicándole templos y estatuas sino escogiendo a un ejemplar concreto que vivía en un establo especial, donde recibía todo tipo de cuidados y era utilizado en ceremonias, ofrendas e incluso oráculos. Cuando este ejemplar moría, era enterrado con gran ceremonia y los sacerdotes se encargaban de buscarle un sucesor.

El Anj

También conocido como la cruz egipcia o cruz ansada, ya que ciertamente se trata de una cruz cuyo trazo superior ha sido sustituido por un lazo, óvalo o ansa para poder asirla.

Es la Llave de la Vida en un doble sentido. Desde el punto de vista material, la parte superior representa el sexo femenino y la parte inferior, el sexo masculino. Desde el punto de vista espiritual, es un atributo divino de la vida eterna y, por extensión, de aquellos humanos elegidos por los dioses para acompañarles en el Más Allá debido a su mérito. Es símbolo del triunfo de la vida sobre la muerte y promesa de vida eterna.

Hay que recordar que la cruz no es un invento cristiano, ni siquiera romano, sino muy anterior. De hecho, se trata de una de las figuras más antiguas manejadas por la humanidad y distribuida por todo el planeta, desde las culturas líticas europeas hasta los orígenes de la civilización china o los pueblos amerindios.

Está vinculada con el Sol, con la divinidad en general, con los cuatro puntos cardinales y con los cuatro elementos, entre otras asociaciones. Su forma básica consiste en dos líneas que se entrecruzan en ángulo recto, dividiendo al menos una de ellas por la mitad. Donde se cruza el mundo material –la línea horizontal- con el mundo espiritual –la línea vertical- se ubica el ser humano y por ello ha sido utilizada también como la meta en un mapa o como la firma en forma de equis de un analfabeto.

A partir de esta forma básica, la creatividad humana ha diseñado distintas cruces, desde la solar prehistórica de brazos iguales dentro de un círculo hasta la de Calatrava con los brazos en forma de flor de lis, pasando por la chacana o cruz andina cuadrada, la de Malta de ocho puntas, la *swastika* o esvástica que puede ser levógira o dextrógira, el aspa de Borgoña o cruz de San Andrés, el corazón de morsa finlandés o el lauburu vasco, entre otras muchas.

El Ba y el Ka..., y los demás

Estas dos palabras aparecen en numerosos textos religiosos, en referencia a sendos cuerpos no físicos del ser humano que a menudo se equiparan con nuestros conceptos de alma y cuerpo astral, pero la cuestión es algo más compleja.

De acuerdo con las creencias egipcias, el ser humano no se limita al cuerpo físico, ni tampoco a un cuerpo físico más otro espiritual, sino que tiene al menos siete contenedores diferentes: Djet, Sahu, Ib, Ka, Ba, Ren y Sheut, a los cuales los iniciados podrían sumar otros dos, el Aj y el Sejem. Esto se aproxima a algunas teorías esotéricas, que probablemente no sean sino el eco muy posterior de estas convicciones egipcias, según las cuales existen siete «capas de la cebolla humana», aunque sus descripciones incluyen otros nombres: físico, etérico, astral, mental, de luz, espiritual y mónada divina.

Descritos sucintamente, el Djet es el cuerpo físico, un simple maniquí para sostener a los demás, que si es momificado de la forma adecuada cambia su nombre por el de Jat.

El Sahu es un cuerpo espiritual, incorruptible y eterno, que puede unirse al alma y que, en el Otro Mundo, puede compartir con los dioses.

El Ib es el corazón y es la sede de las emociones y los pensamientos, el elemento que realmente pesa, o no en uno de los platillos de la balanza del Juicio de Osiris frente a la pluma de la diosa Maat en el otro platillo.

El Ka es la fuerza vital que anima el Djet de la persona: el dios Jnum modela esta fuerza y la coloca en el interior de cada bebé que nace en el mundo físico, por lo que la muerte sucede cuando el Ka abandona el físico.

El Ba es el alma personal del individuo y puede vivir tras la muerte, cuando abandona el cuerpo simbólicamente como un ave con cabeza humana pero puede ir y venir de este mundo al otro.

El Ren es el nombre que se impone a la persona cuando nace, pero puede cambiar a medida que vive y es importante porque la persona existe de alguna forma mientras no sea olvidado: de ahí la obsesión por dejar constancia del mismo en todo tipo de textos y monumentos.

El Sheut es la sombra de la persona: como tal, se representa siempre como un doble de color negro del ser humano y contiene sobre todo sus aspectos negativos.

Finalmente, el Aj es un cuerpo luminoso e inmortal inicialmente sólo al alcance de dioses y faraones aunque con el tiempo esta idea cambió y en períodos posteriores de la historia egipcia encontramos que una persona iniciada podía tener acceso también al mismo si trabajaba adecuadamente en su camino espiritual. En cuanto al Sejem, es el poder divino sólo al alcance de los grandes iniciados.

NATRÓN, MIRRA, RESINA Y BETÚN

El proceso de momificación empleado en el Antiguo Egipto estaba destinado a mantener un soporte físico que permitiera al difunto disponer de un anclaje en la Tierra a través del Ka, con distintos propósitos.

Para garantizar el éxito de la operación, el cadáver era sumergido en una solución de natrón durante algo más de dos meses y sus órganos internos, extraídos y guardados en los vasos canopos. Lavado, perfumado y rellenado con mirra, el cuerpo era envuelto en vendas con resinas, entre las cuales se colocaba una serie de amuletos y textos jeroglíficos de protección.

Con el tiempo, las resinas fueron sustituidas por betún, que recibía el nombre de *mum*, del que según los estudiosos deriva la palabra árabe *mummiya* y, finalmente, *momia*.

Muchas culturas antiguas han practicado la momificación: desde los guanches canarios hasta los incas precolombinos, pasando por los tibetanos o los miembros de la chilena cultura Chinchorro, entre otras.

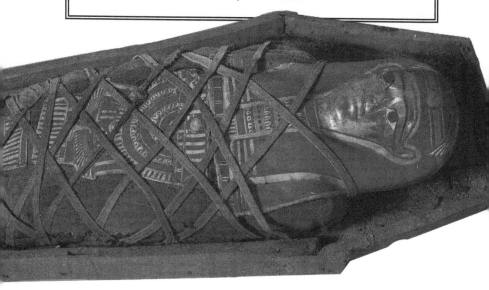

Piramidión con una imagen solar en recuerdo de la primera vez que el astro rey se alzó por encima de Benben, la primera colina.

El Benben

En la tradición de Heliópolis, el Benben es la primera colina o pequeña montaña que surgió por encima de Nun, el océano primordial, durante la creación.

Por encima de ella surgió el Sol por primera vez y allí se generó a sí mismo el dios Atum quien en algunos de los textos manuscritos que han llegado a día de hoy habla de sí mismo describiéndose precisamente como un montículo, más que como una divinidad, y asegurando que se transformó en una pequeña pirámide. Por todo ello, el Benben recibió el título de *Colina de la Eternidad*, si bien su nombre como tal parece significar *El Radiante*.

El templo solar heliopolitano albergaba una piedra sagrada que representaba al Benben original y que según algunos eruditos era en realidad un meteorito de mineral de hierro, probablemente siderita, que habría caído en la Tierra en la prehistoria y fue reconocido y recuperado para su veneración. Otros santuarios como el del oasis de Siwa también disponían de elementos parecidos. Esta tradición, como otras muchas egipcias, influyó en las creencias de los antiguos griegos y, así, en el santuario de Delfos, existía una piedra similar de aspecto cónico que era considerada el *omfalos* u «ombligo del mundo».

La importancia del Benben le convirtió en pieza imprescindible de algunas de las grandes realizaciones arquitectónicas egipcias, especialmente pirámides y obeliscos, coronados todos ellos con una pieza que representaba a este elemento, con el nombre de piramidión. Esta cúspide indicaba además el punto en el que el dios solar se instalaba, justo entre el Cielo y la Tierra, acariciando el monumento en cuestión. Para ayudar a que su presencia fuera lo más brillante posible, la piedra con la que estaba confeccionada el piramidión se recubría de oro o de alguna aleación de metales que refulgía de manera espectacular cuando recibía los rayos del astro rey.

Relacionado con Benben está el mito de Bennu, el ave divina capaz de resucitar a los muertos, que se posó por primera vez en lo alto del montículo primordial y que, como símbolo de resurrección e inmortalidad, fue importado también por los griegos aunque éstos transformaron su nombre y le rebautizaron como el ave Fénix.

Bennu procede según los estudiosos del verbo *wbn* que significa *brillar*, como el Sol o como las llamas del árbol solar en el que según algunas leyendas nació, y probablemente fuera en algún momento una imagen animal del propio Atum. En el *Libro de los muertos* se describe a sí mismo como el Ba del dios Ra.

No está muy claro qué ave concreta era, aunque suele relacionarse con la garza y de hecho una variedad de este animal es la ya extinta *garza Bennu* que se sabe vivió en la región de los Emiratos Árabes hacia el 3.500 antes de Cristo.

El cetro Uas

Este tipo de bastón ceremonial es uno de los elementos externos de fuerza y poder característico en las representaciones de dioses, faraones y grandes sacerdotes.

Está compuesto de tres partes: una superior donde se aprecia la cabeza inclinada y estilizada de un animal indeterminado para cuya identificación han sido propuestas diversas teorías ninguna de las cuales definitiva, una vara larga y recta central y una inferior ahorquillada. Se cree que ya se utilizaba en el período predinástico, si bien la práctica totalidad de culturas de la antigüedad disponían de cetros sagrados de distintos tamaños y apariencias, cuyo manejo estaba en manos exclusivas de los líderes de sus respectivas sociedades para confirmar su posición preeminente.

El Uas o Was fue utilizado siempre como signo de dominio y también se empleó desde el punto decorativo como soporte simbólico del cielo. Aparece con cierta frecuencia asociado al Anj y al Djed, como una trinidad de atributos divinos: vida (Anj), estabilidad (Djed) y poder (Uas).

De la importancia de esta pieza da fe el hecho de que la principal ciudad del Alto Egipto y capital de todo el país a lo largo de distintas épocas se llamaba Uaset, que significa literalmente *Ciudad del cetro Uas*, aunque nosotros la conocemos por el nombre griego de Tebas y hoy, merced a su denominación árabe Al Uqsur, figura en nuestros mapas como Luxor.

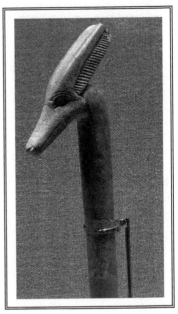

El cetro Uas o Was coronaba con la imagen de la cabeza de un animal fabuloso y simbolizaba el poder, la fuerza y el dominio en la mitología egipcia.

El emblema de Uaset/Tebas y también de su nomo era un cetro Uas decorado con una pluma de avestruz y una cinta.

La corona

La corona egipcia es uno de los principales signos distintivos de los faraones y también de los dioses, lo que vincula simbólicamente a los primeros con los segundos. Sin embargo, existen varios tipos de corona y ninguno de ellos tiene mucho que ver con las que estamos acostumbrados a ver en las testas reales europeas.

Existen dos coronas principales: Hedyet y Desheret.

Hedyet o Uereret es la del Alto Egipto y tiene una forma característica, alta y troncocónica con la parte superior redondeada y de color blanco.

Está relacionada especialmente con los dioses Seth y Nejbet y aparece ya en la época arcaica o tinita. En la iconografía de los templos, se utiliza en las representaciones orientadas hacia el sur.

Desheret es la del Bajo Egipto y también era conocida como Mehes o Net, con su parte trasera más alta que la delantera y una protuberancia con rizo, toda ella de color rojo. En los templos, se usa en figuras representadas hacia el norte. Se la relaciona sobre todo con los dioses Horus, Neith y Uadyet y según algunos estudiosos es la más antigua.

En diversos textos ambas tiaras son denominadas genéricamente *Las Verdes* porque supuestamente estaban elaboradas con materiales vegetales, aunque pintadas luego de los colores indicados.

La corona doble, utilizada a partir de la unificación de las Dos Tierras es, literalmente, la superposición de Hedyet y Desheret

La corona egipcia es uno de los signos distintivos de los faraones y de los dioses.

superpuestas y su nombre es Sejemty (recordemos que Sejem es el nombre del cuerpo de poder divino como hemos visto hace un par de epígrafes) que significa literalmente *Las dos poderosas*, aunque los griegos la llamaron Psent. Algunos dioses la portan expresamente, como Atum o Mut.

Otro tipo de coronas eran evoluciones de las anteriores, como la Atef, que básicamente es una Hedyet pero con dos plumas de avestruz y, a veces, dos cuernos de carnero, además de Ureo y disco solar. Es de color amarillo y se la relaciona con Osiris y el mundo del más allá. La representación más antigua localizada hasta ahora está en una capilla de la diosa Hathor en Deir el Bahari.

De la misma forma, la corona Jemjem no es sino una triple Atef sostenida por dos cuernos y simboliza la victoria del Sol sobre la oscuridad y por tanto la resurrección, la nueva vida y la juventud. De hecho, se la ve habitualmente en las representaciones de dioses niños.

La corona Jepresh es diferente: de color azul, aparece durante la XVIII dinastía. Hay acuerdo de los eruditos a la hora de indicar que se empleaba para las ceremonias de los faraones en sus ofrendas en los templos pero, aunque algunos creen que también la usaban en la guerra, sobre todo a partir del Imperio Nuevo, no hay unanimidad respecto a este uso. Se cree que era de cuero, también tintado, y llevaba diversos adornos, probablemente de oro, incluyendo un Ureo sobre la frente.

La corona Shuty posee dos plumas de halcón, si bien en ocasiones incluye los dos cuernos de carnero y el disco solar. Parece de uso femenino ya que representa también la unión del Alto y Bajo Egipto pero en este caso personalizada a través de sus dos diosas características: Nejbet y Uadyet, respectivamente. Durante el Imperio Nuevo la utilizaban no sólo las Grandes Esposas Reales del faraón sino las Divinas Adoratrices de los templos.

Finalmente, el faraón también empleaba el Nemes, un tocado muy característico de tela blanca y con listas de color que cubría la cabeza y, anudado en la parte posterior como si fuera una trenza, caía por detrás de las orejas a ambos lados del rostro. Incluía una banda con un Ureo en la frente. Se ha asociado sobre todo a los rituales funerarios y, de hecho, la máscara mortuoria de Tutanjamon luce uno de los nemes más conocidos, con bandas doradas y azules e incluye una cabeza de buitre además de la cobra real.

El Djed

El pilar Djed es uno de los símbolos más conocidos de Egipto y también de los más antiguos pues los arqueólogos han excavado algunos ejemplos tallados desde la época arcaica o tinita. Es literalmente eso: una columna cilíndrica atravesada por cuatro discos o niveles que ha sido interpretada de diversas formas, aunque todas ellas están de alguna manera relacionadas con la estabilidad y, por ende, con la vida y la prosperidad.

A partir de cierto momento pasó a representar a Osiris y, es-

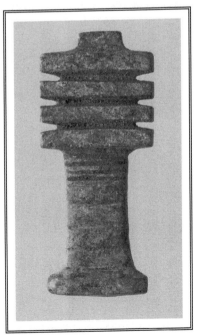

El Djed es el símbolo de la estabilidad y la prosperidad.

pecíficamente desde el punto de vista mágico, a la columna vertebral de esta deidad. De hecho en Menfis se desarrolló una ceremonia conocida como «la erección del pilar Djed» que según algunas hipótesis se creó en un primer momento en honor al dios Ptah, quien más tarde sería asociado con Osiris, por lo que el ritual pasó a simbolizar la resurrección de éste último y su victoria final sobre Seth.

Era un símbolo de la estabilidad de este mundo y también del otro. Por ello el Djed aparece además a menudo acompañado de otros símbolos vitales como el Anj. Según algunas investigaciones, se trata de un símbolo básicamente masculino que se complementa con el Tyet –una especie de Anj con los brazos horizontales caídos y pegados a su eje vertical– como símbolo femenino.

La esfinge

La esfinge es una figura muy presente en los santuarios egipcios y generalmente se la representa con un cuerpo de león de cabeza humana, sustituida en ocasiones por la de un carnero –y llamada entonces crioesfinge– o de un halcón –con lo que pasaba a ser una hieracoesfinge–.

Algunos templos como el de Amón en Karnak aún poseen los restos de espectaculares avenidas bordeadas por hileras de esfinges a derecha e izquierda del paseante, que actúan como escolta hasta sus puertas.

Los sacerdotes del Sol en Heliópolis consideraban al león como el animal guardián por excelencia de las puertas del Otro Mundo. Por ello, según algunas creencias, estas esculturas albergaban el alma de espíritus protectores que, por la noche, cobraban vida para proteger los lugares sagrados.

De hecho, el nombre original de esta figura es *Sheps Anj*, que significa *imagen viviente*. Con el paso del tiempo se vulgarizó como *Sefanjes* y, de ahí, los griegos corrompieron la denominación hasta transformarla en *Esfinge*, una palabra relacionada con su verbo *sfingo* que significa *cerrar, estrechar*, quizá por ese carácter guardián que se le atribuye.

También los griegos, a partir de Heródoto, llamaron androesfinge, o esfinge masculina, a la egipcia para diferenciarla de la ginoesfinge, o esfinge femenina, de su propia tradición que obviamente también es este caso bebió de la del Antiguo Egipto.

La más famosa de las esfinges griegas es la que según el mito de Edipo se instaló junto a Tebas, ciudad griega homónima de la gran capital egipcia. En su caso, se representaba siempre alada y con rostro de mujer y poseía un carácter cruel, como demuestra la historia del propio Edipo que fue el único capaz de derrotarla al resolver el hoy archiconocido acertijo que planteaba a todo aquél que se presentaba ante ella: cuál es el único ser en toda la Tierra que es bípedo, trípedo y cuadrúpedo y que, cuantas más patas usa para desplazarse, más débil es.

Varios valientes trataron de resolver el acertijo pero, al plantearles esta pregunta, no atinaron a dar la solución correcta y fueron uno por uno asesinados por la Esfinge. Al fin, Edipo contestó que ese misterioso ser era el hombre, que avanza gateando –con manos y piernas, como un cuadrúpedo– en su época como bebé, con sus dos pies al crecer –es bípedo– y con tres, apoyado en un bastón –es trípedo– al envejecer. Resuelto el enigma, la Esfinge se suicidó arrojándose desde lo alto de un monte o bien fue empujada desde allí por el propio Edipo o huyó al desierto y allí quedó petrificada, según distintas versiones. Conociendo los antecedentes de los griegos, nada de extraño tendría que esta historia fuera originalmente egipcia.

La más popular de las egipcias, y también la más impresionante a pesar de su lamentable estado de conservación, es sin duda la Gran Esfinge de la meseta de Guiza. Con cabeza de hombre y cuerpo de león, según algunas leyendas también estaba provista de alas pero si así fue hoy es imposible corroborarlo.

En la antigüedad estaba coloreada, con la piel de color rojo y su tocado a listas blancas y azules. Con una altura de casi 20 metros y algo más de 70 de longitud, su fecha de construcción supuestamente se remonta al año 2.500 antes de Cristo y habría sido levantada como parte del complejo funerario del faraón Jafra o Kefrén. De hecho, entre sus garras existía una imagen del faraón, pero esto no implica que la hubiera mandado construir él pues los líderes de la antigüedad, igual que los actuales, eran propensos a apoderarse de los logros de sus predecesores e incorporarlos como propios.

Sabemos que la Gran Esfinge estuvo cubierta bajo las arenas durante distintos períodos de tiempo: hay una historia muy conocida del faraón Tutmosis IV que en el siglo XVII antes de Cristo ordenó fuera escrita en piedra. Según este relato, cierta noche Tutmosis se tendió a dormir junto a la cabeza, la única parte de la figura que sobresalía del suelo, y la Gran Esfinge se le apareció en sueños y le pidió ser desenterrada a cambio de su protección. En aquel momento no estaba muy claro si Tutmosis lograría ascender al trono porque no era el único candidato. Al despertarse, se apresuró a cumplir la petición y, como recompensa, poco después fue elegido nuevo faraón.

El militar y escritor romano Plinio el Viejo cuenta, ya en el siglo I después de Cristo, que la esfinge tuvo que ser de nuevo limpiada y expuesta al aire en su época. Y aún después, distintos autores dan cuenta de sucesivos desenterramientos hasta el siglo XX.

Aunque la edad oficial de la Gran Esfinge de Guiza se estima en unos 4.500 años, diversos investigadores creen que es mucho más antigua.

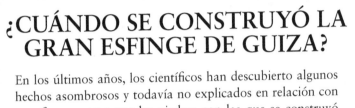

¿CUÁNDO SE CONSTRUYÓ LA GRAN ESFINGE DE GUIZA?

En los últimos años, los científicos han descubierto algunos hechos asombrosos y todavía no explicados en relación con esta figura, como que las piedras con las que se construyó son más antiguas que las de la pirámide de Keops o que la erosión de sus patas no se debe al viento sino al agua, lo cual resulta francamente chocante.

Varios equipos de investigadores japoneses y británicos han llegado a la llamativa conclusión de que esta maravillosa escultura sería mucho más antigua de lo que hasta ahora hemos creído y que podría haber sido tallada entre 8.000 y 10.000 años antes de Cristo.

Además, uno de los equipos japoneses descubrió con un radar la existencia de un estrecho túnel bajo la pata izquierda que conducía hacia la pirámide de Kefrén. Posteriormente, una investigación norteamericana confirmó que debajo de las patas existe una gran cámara rectangular subterránea, pero durante los años noventa del siglo XX las autoridades egipcias suspendieron oficialmente todos estos trabajos y desde entonces la investigación geológica y sismológica alrededor de la Gran Esfinge de Guiza está estrictamente prohibida.

El concepto de hombre-animal es un símbolo muy poderoso, especialmente presente en la mitología egipcia, pero su carácter es universal. La estatua europea más antigua de la que existe certificación pública es el *Löwenmensch* u hombre león: tiene 32.000 años, está tallada en marfil y fue desenterrada en la cueva de Hohlenstein Stadel de Baden Wurtemberg, al suroeste de Alemania.

Los asirios nos dejaron colosales estatuas de sus Lammasu o monstruos con cabeza de hombre, cuerpo de toro y alas de águila; los persas describían la mantícora con cabeza de hombre o de león y a veces provista con cuernos, cuerpo también de león y cola de dragón o escorpión; los griegos pintaban al centauro con cabeza y torso de hombre y el resto del cuerpo de caballo; los hindúes esculpieron al narasinja, un avatar del dios Vishnú mitad hombre y mitad león...

El faraón

Faraón es el título del rey de Egipto, que no sólo lo es físico sino también espiritual, como descendiente de los dioses y su representante en la Tierra.

Su poder fue absoluto durante mucho tiempo, ya que como heredero directo de Ra, Osiris y Horus era el dueño absoluto de las Dos Tierras: desde sus gentes hasta sus cultivos, sus ciudades y todas sus riquezas. Nombraba a nobles, consejeros, sacerdotes y generales y su palabra era ley.

Con el tiempo, el sacerdocio fue ganando espacio y convirtiéndose en un contrapoder e, incluso, en una opción alternativa para el ejercicio del gobierno, lo que desató importantes conflictos en diversas épocas.

Los faraones disponían oficialmente de cinco nombres diferentes, todos relacionados con la divinidad.

Oficialmente, se afirma que la denominación de faraón deriva de las palabras egipcias *Per Aa* o Gran Casa que, durante las primeras dinastías, se aplicaba más a la casa reinante y a su palacio que al monarca de manera individual. Hay que esperar a Tutmosis III, que vivió entre 1479 y 1425 antes de Cristo, para ver el título aplicado como tratamiento directo del rey. Al mencionarlo, sus súbditos normalmente añadían algún apelativo relacionado con sus poderes como dios encarnado. Por ejemplo, *faraón salud, vida y fuerza.*

De todas formas, los faraones disponían oficialmente de cinco nombres, todos ellos relacionados de una u otra forma con el mundo divino. Estos eran: el nombre Horus –el más antiguo y que subraya la naturaleza divina del rey–, el nombre Nebty –o de «las dos damas», en referencia a las diosas Nejbet y Uadyet–, el nombre Horus de Oro –que identifica al monarca con Horus y con todos los dioses, cuya carne es de oro–, el nombre de la caña y la abeja –referente al Bajo y el Alto Egipto, a continuación del cual se escribía el nombre que había tomado en la coronación– y el nombre Sa Ra –que significa textualmente Hijo de Ra y que va seguido del nombre que había recibido al nacer–.

Con la excepción de la época de Ajenaton, cuando se impone un estilo realista con representaciones de la realeza en familia, la figura del faraón aparece habitualmente de manera solemne e involucrado en algún tipo de ceremonia. La mayor parte de las veces está sentado en la clásica pose hierática, portando alguna de sus coronas con el Ureo sagrado a la altura de la frente y una barba postiza trenzada bajo la barbilla.

Los dos emblemas de su soberanía son el *Heka* o cayado –con el que dirige al pueblo, como el pastor a sus ovejas– y el *Nejej* o mayal o flagelo –con el que castiga al que no le obedece–, que suelen aparecer cruzados sobre su pecho en señal de protección.

Estos objetos simbolizan la polaridad que rige el universo y tienen distintas lecturas respecto al ámbito de actuación del monarca egipcio: dos tierras –Alto y Bajo Egipto–, dos culturas –el loto como símbolo del sur, el papiro como símbolo del norte–, dos mundos –el material y el espiritual– dos actitudes ante la vida –la dulzura y amabilidad en el trato por un lado y la coerción y la guerra por otro lado–, etc.

Además, posee otros atributos como la barba postiza empleada para identificarse con Osiris, que luce siempre una larga perilla; el buitre, animal dedicado a la diosa Nejbet del Alto Egipto; el Ureo o cobra sagrada dedicado a la diosa Uadyet del Bajo Egipto o la cola de león, que le identificaba también con los dioses y especialmente con los solares ya que este fiero felino es la representación del astro rey en el mundo animal.

La mujer del faraón no tenía el título de faraona, aunque varias de ellas sí ejercieron como tales, desde Hatshepsut hasta Cleopatra, sino de *Hemet nise ueret* o Gran Esposa Real. Aún así, ocupaba una posición casi tan importante como la suya, no sólo política sino religiosa, puesto que lideraba diversas ceremonias a lo largo del calendario sacro.

Los egipcios fijaban tríadas mitológicas, de las cuales la más conocida hoy es la integrada por Osiris, Isis y Horus, en sus ciudades. El faraón, su esposa principal y su heredero participaban en los festivales religiosos encarnando a los dioses.

Los jeroglíficos

Esta palabra proviene de dos términos griegos: *hieros* (que significa *sagrado*) y *glypho* (del verbo *glyphein*, que significa *cincelar*). Así llamaron los antiguos griegos a la primera y particular escritura de carácter pictórico de los egipcios y después exportaron el vocablo a todo el Mediterráneo.

El jeroglífico es uno de los sistemas de escritura más antiguos que se conocen y se aplicaba principalmente para las inscripciones oficiales en las paredes de los templos y también de las tumbas, en tablillas, monumentos y todo tipo de objetos rituales. Su uso no estaba destinado a fines profanos pues disponía de un poder específico que no debía utilizarse para otra cosa que no fueran oraciones, salmos, sortilegios o cualquier otra fórmula relacionada con los dioses y el más allá.

Los jeroglíficos fueron utilizados de manera regular desde la época predinástica si bien los escribas los sustituyeron progresivamente por la escritura hierática, cuya raíz griega es la misma. Esta era una forma abreviada de la anterior, para poder anotar de manera más rápida sobre todo en papiros de carácter administrativo, pero también religioso.

La creciente influencia de los dirigentes griegos en Egipto terminó haciendo evolucionar la escritura de nuevo, ahora hacia el demótico (también griego: *demotikos* o *popular*), que en un principio fue utilizado para usos más livianos en textos literarios o de contabilidad pero que al final pasó a ser la escritura utilizada en todo el país hasta que en los inicios del siglo IV antes de Cristo fue directamente reemplazada por el griego, al menos en los textos oficiales.

La coexistencia de estos lenguajes permitió descifrar el significado de muchos signos jeroglíficos gracias a la conocida Piedra de Rosetta, que no es sino un fragmento de una estela tallada en diorita en la época de Ptolomeo V, unos doscientos años antes de Cristo, donde aparece el mismo texto escrito en caracteres jeroglíficos, demóticos y griegos. Este hallazgo arqueológico fue recuperado por uno de los militares franceses que acompañaron a Napoleón en su campaña en Egipto cerca de la localidad de Rashid –rebautizada Rosetta por los franceses– y más tarde expoliada por los británicos. Asociada a ella está el nombre del lingüista y egiptólogo Jean François Champollion que fue el primero en anunciar en 1822 el desciframiento de la antigua lengua egipcia gracias a su análisis comparado de los tres textos tallados.

El *Libro de los muertos*

De los antiguos escritos egipcios que han sobrevivido al paso del tiempo, los más importantes son los de carácter funerario y mágico,

Los antiguos egipcios que podían pagarlo se hacían enterrar con una copia del *Libro de los Muertos* para intentar garantizarse un trayecto exitoso al Más Allá.

agrupados en tres obras: los *Textos de las pirámides*, los *Textos de los sarcófagos* y el *Libro de los muertos*. Las palabras extraídas de estos tratados eran grabadas sobre los féretros de los fallecidos o en las paredes de sus tumbas o incluso en papiros que eran enterrados dentro de los ataúdes.

Si bien el más famoso a día de hoy es el tercero de estos manuscritos, el más antiguo es el conservado como *Textos de las pirámides*, que se utilizaba al menos desde el 2400 antes de Cristo para ayudar al faraón que acababa de morir a encontrar el sitio que le correspondía entre los dioses. En esta época, las bendiciones de la Duat, que se ubicaba inicialmente en el cielo, estaban reservadas para la realeza. No fue hasta el final del Imperio Antiguo cuando estos textos funerarios empezaron a ser utilizados también por los miembros de clases elevadas como los gobernadores de los nomos, los nobles o los grandes sacerdotes.

En el Imperio Medio, hacia el 2000 antes de Cristo, aparecen los *Textos de los sarcófagos*, así llamados porque se escribían por lo general en la cara interna del ataúd para que el fallecido alojado en su interior pudiera leerlos con mayor facilidad y que incluyen ilustraciones. Por primera vez los manuscritos funerarios estaban a disposición de cualquiera que tuviera dinero suficiente para pagarlos, lo que propició un creciente interés por invertir en el propio tránsito hacia la otra vida con independencia de la posición social.

Finalmente, en el Segundo Período Intermedio, hacia el 1500 antes de Cristo, aparece en Tebas el *Libro de los muertos*, cuyo nombre egipcio original es *Libro del amanecer* o *Libro de la salida a la luz*. Incorporaba fórmulas contenidas en los textos anteriores de una manera más organizada y según los arqueólogos e historiadores básicamente contiene una serie de instrucciones para ayudar al fallecido a orientarse en una Duat que ahora está bajo tierra y donde es preciso enfrentar y superar el Juicio de Osiris. Si el difunto salía con bien, podría gozar de Aaru, el paraíso donde vivían los dioses junto a los hombres que habían merecido la eternidad, pero si no era digno y fracasaba ante el tribunal divino, era devorado por Ammit y su nombre y sus hechos se perderían para siempre.

El *Libro de los muertos* se hizo muy popular durante el Imperio Nuevo. Se encargaba a los escribas la redacción del texto para guardarlo en casa y utilizarlo en el funeral propio o bien en la despedida de algún familiar y era un objeto caro, ya que costaba más o menos el equivalente al salario anual de un trabajador.

La proliferación de textos relacionados impidió fijar un canon y creó una gran número de variantes, con distintos escritos e incluso ilustraciones. Hoy conocemos cerca de 200 sortilegios diferentes pero ninguno de los manuscritos que ha llegado hasta nosotros los contiene todos. Hubo que esperar a la dinastía saíta, entre los siglos VII y VI antes de Cristo y la última de nativos egipcios antes de la invasión de los persas al comienzo del Período Tardío, para encontrar, por primera vez, una colección ordenada y numerada de fórmulas mágicas y religiosas, que se utilizó como base a partir de entonces.

Esta organización del texto comprendía cuatro grupos de capítulos: en el primero, el difunto es enterrado y marcha a la Duat; en el segundo, se explica el origen mítico de los dioses y otros detalles del mundo de ultratumba y los muertos comprenden que deben amanecer junto al Sol; en el tercero, los difuntos viajan en la barca de Ra por la mañana y, por la noche, se presentan ante Osiris; en el cuarto, que incluye varios capítulos dedicados a los amuletos y a otras instrucciones que debe conocer el fallecido, éste una vez superado el juicio se incorpora al mundo feliz de las divinidades.

El collar Menat

El collar Menat o, en egipcio, *mnit*, aparece entre los adornos habituales de los dioses y de forma especial en las figuras tanto pintadas como esculpidas de Hathor, por lo que esta diosa recibía el sobrenombre de *la Gran Menat*. Se trata de un collar compuesto por una especie de platillo pectoral sujeto con una cadenilla o bien con una cinta que lo ata a un contrapeso que cae sobre la espalda. Otras versiones sustituían la pieza única por diversos collares enroscados de cuentas de colores.

Se fabricaba con diversos materiales: habitualmente de cuero, bronce o fayenza –una cerámica de acabado vítreo– y solía mostrar algún tipo de representaciones de dioses, símbolos o inscripciones.

Su uso no era sólo ornamental sino como amuleto protector y facilitador de fortuna y buena suerte. A los hombres les proporcionaba virilidad y a las mujeres, fertilidad. También se llegó a utilizar –el propio Ihy, hijo de Hathor, lo hacía y de la misma manera sus sacerdotes– como una especie de instrumento musical agitándolo con la mano porque su sonido, parecido al del sistro, alejaba a los malos espíritus.

En la época Ramésida era un regalo habitual para adornar las momias de los difuntos y propiciar de esta manera su renacimiento en el Más Allá.

El Nilo

Egipto es «el don del Nilo» como muy acertadamente le bautizó el historiador griego Heródoto y de hecho su existencia sería imposible sin la presencia del principal cauce fluvial de África y, por muy poca diferencia tras el Amazonas, el segundo más largo del planeta.

Su desbordamiento anual fertilizaba sus riberas y permitía los cultivos sobre todo de trigo, cebada y lino que no sólo daban sustento al país sino que en cierto momento llegaron a convertirse en el principal «granero» de la antigua Roma.

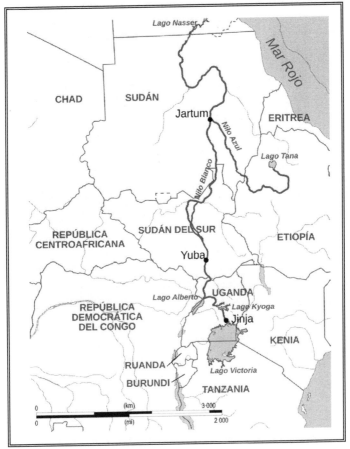

Las dos fuentes principales del gran río egipcio son el Nilo Blanco y el Nilo Azul y se unen cerca de Jartum, la capital sudanesa, poco antes de adentrarse en las tierras de la antigua Nubia y, después, en Egipto.

Además, el río proporcionaba pescado en abundancia así como la planta del papiro, fundamental para dejar memoria escrita de sus mitos y su Historia. Por si fuera poco, era la principal «autopista» para el transporte, el comercio y el ocio por lo que las ciudades se construyeron en sus orillas.

Los egipcios lo llamaban Nute Fen y lo personificaban en el dios Happi. El nombre por el cual lo conocemos se lo impusieron los griegos a partir del término Neilos.

Nace en el interior del continente negro y tiene dos fuentes principales: el Nilo Blanco –que, desde la actual Ruanda, atraviesa los Grandes Lagos y fluye hasta lo que hoy es Sudán– y el Nilo Azul –que desde Etiopía llega hasta la región de Jartum, la capital sudanesa, donde ambos ramales se encuentran–.

Recorre más de 6.800 kilómetros hacia el norte a través del territorio de una decena de actuales países hasta desembocar en el gran delta ubicado en el extremo sureste del Mediterráneo, en la zona donde se levantan Alejandría y El Cairo. Su cuenca hidrográfica supone aproximadamente el 10 % de la superficie de África.

El Ojo de Horus

El Udyat o Wedyat es uno de los iconos más conocidos del Antiguo Egipto y en el mundo contemporáneo está representado en marcas comerciales, joyas, tatuajes y otros soportes gráficos.

Su simbología se relaciona con la salud, la prosperidad, la purificación, la protección y el renacer, pero también con el orden y la estabilidad ya que el conjunto de iris y pupila se identificaba con el Sol, según vemos en la leyenda de Horus. Su mismo diseño es una mezcla de un ojo humano y un ojo de halcón.

En algunas tradiciones se diferenciaba el Ojo de Horus –el izquierdo, en referencia a la Luna– del Ojo de Ra –el derecho, en referencia al Sol–, pero en otras resulta indistinto, ya que ambos dioses aparecen identificados el uno con el otro.

UN SÍMBOLO,
DOS SIGNIFICADOS

Este símbolo nos ayuda a comprender la esencia de la magia según la entendían nuestros ancestros: no existe magia blanca, negra, roja, ni de ningún otro color, sino una sola magia que no tiene nada de sobrenatural pues se limita a aplicar leyes naturales, si bien desconocidas para los hombres comunes. Así, el mismo símbolo activa la magia para unos u otros usos en función de la intención y el significado que se le aplique.

En el caso del Udyat, hace referencia al hombre despierto, el sabio que ve el mundo como éste es y no como parece ser, que es como lo ve la persona corriente, cuyos ojos están cerrados pues está ciega o dormida.

Sin embargo, el ojo de la Providencia, también conocido como Delta luminoso o como Ojo en el triángulo que se hace muy popular a partir del Renacimiento –antes muy presente en las representaciones religiosas judeocristianas y ahora también pero en las llamadas teorías de la conspiración– tiene que ver con la autoridad, la vigilancia y el control de la divinidad y de sus representantes en la Tierra sobre el resto de los seres humanos.

De esta manera, suele confundirse el Ojo de Horus con el de la Providencia porque para el neófito significan más o menos lo mismo, aunque en el fondo no sea así: mientras el primero tiene un significado vinculado con la libertad y la prosperidad individuales, el segundo lo está con la esclavitud de la humanidad, como ganado propiedad de los dueños del mundo.

Las pirámides

Desde el punto de vista matemático, la pirámide es un cuerpo geométrico: un poliedro cuya base es un polígono simple, a partir del cual se levantan varias caras en forma de triángulos que se juntan en un ápice o vértice común.

Desde el punto de vista arquitectónico, en la antigüedad fue una de las formas más utilizadas para la construcción de lugares sagrados, religiosos o funerarios y encontramos pirámides no sólo en Egipto sino en Mesopotamia –donde el famoso zigurat conocido como Etemenanki, dedicado al dios Marduk, ha sido asociado a la bíblica Torre de Babel–, entre los pueblos precolombinos –desde las pirámides de adobe preincaicas hasta la pirámide del Sol en los misteriosos restos de Teotihuacán o el templo maya del dios Kukulkán en Chichén Itzá–, en Indonesia –la estupa budista de Borobudur–, China –la pirámide de Xi'An– e incluso Canarias –las pirámides de Güímar, en Tenerife–.

La elección de la pirámide como construcción sagrada se debe, simbólicamente, a la forma triangular de sus paredes ya que el triángulo ha constituido tradicionalmente una representación de la divinidad, expresada en forma de trinidad en diferentes culturas. Existen múltiples trinidades: desde la hindú –Brahma, Vishnú y Shiva– hasta la celta –Esus, Taranis y Teutates (o Tutatis)–, pasando por la cristiana –Padre, Hijo y Espíritu Santo– y las numerosas combinaciones egipcias –de la cual, la más famosa es la de Osiris, Isis y Horus–.

La construcción piramidal está relacionada con la manifestación de la divinidad a través de la trinidad en culturas muy distintas.

Aunque la hipótesis mayoritaria de los arqueólogos y, sobre todo, de la industria del entretenimiento nos las presentan como monumentos funerarios reflejo del descomunal ego de los faraones que supuestamente las hicieron construir para manifestar su poder y al mismo tiempo garantizarse su viaje a la eternidad, lo cierto es que esto no ha podido ser demostrado. Nunca ha sido encontrada una momia dentro de ellas, ni tampoco prueba alguna de que hubieran sido utilizadas alguna vez como criptas.

Muchos egiptólogos afirman que algunos antiguos textos parecen sugerir que tuvieron ese uso, pero lo hacen de forma tan vaga que bien podrían reinterpretarse de otra manera. Por ello, algunos estudiosos afirman que su verdadera función era más parecida a la de las catedrales europeas y que no estamos en realidad ante tumbas reales sino ante grandes templos con funciones religiosas e iniciáticas, destinados de alguna forma a conectar las energías espirituales del Cosmos con las de la Tierra.

Además, su construcción sigue siendo un enigma ya que a día de hoy ha sido reiteradamente demostrada la imposibilidad de que fueran edificadas tal y como vemos en las películas: a base de esclavos –o de hombres libres en la época de barbecho de los cultivos, según las teorías más modernas– empujando y tirando, sobre trineos o rodillos de madera, de las colosales piedras que las componen.

Las más famosas son la pirámide escalonada de Sakkara del faraón Djeser, la pirámide romboidal o acodada de Dashur del faraón Seneferu y las tres más grandes de la meseta de Guiza, asociadas a Keops, Kefren y Mikerinos.

Sirio

Sirio es el nombre más popular de la estrella conocida desde el punto de vista astronómico como Alfa Canis Maioris si bien los egipcios se referían a ella coloquialmente como «la Estrella del Perro» por estar ubicada en la constelación del Can Mayor, como indica su nombre en latín.

Se trata de la más luminosa del cielo nocturno vista desde nuestro planeta, aunque en realidad es un sistema binario, es decir, compuesto por dos estrellas: Sirio A y Sirio B, que vemos como una sola debido a la distancia que nos separa de ella y a su brillo.

En el Antiguo Egipto, era el astro más importante después del Sol y de la Luna, ya que su orto helíaco –su primera aparición por encima del horizonte del este tras su período de invisibilidad desde la Tierra, a primeros de julio– señalaba la época de las inundaciones del Nilo, el momento en el que el limo del río se disponía a fertilizar sus orillas para el cultivo.

Se ha especulado con que su mismo nombre pudiera ser de origen egipcio, pues la palabra latina *Sirius* procede del griego *Seirios* que, según algunos investigadores, estaría relacionado con el nombre del dios Osiris. El nombre original del dios es Usir o Asir, lo cual se relaciona también con la denominación árabe para la estrella: Assira.

En todo caso, los griegos llamaron Sotis o Sothis –*La Brillante del nuevo año*– a esta estrella, mientras que los egipcios la relacionaron con su diosa Sopdet, uno de cuyos emblemas es una estrella de cinco puntas.

Una leyenda cuenta que un mago egipcio llamado Iachen fue quien logró canalizar la energía del Nilo para que inundara periódicamente sus riberas y las fertilizara de manera que los cultivos fueran muchos y prósperos. Cuando Iachen murió, se construyó un templo en su honor donde los sacerdotes alimentaban una llama perenne en un altar. En el momento en el que Sotis aparecía en el cielo, ellos entraban en las poblaciones con antorchas que habían prendido en ese altar y se decía que el paso de esas antorchas curaba todas las enfermedades.

CAPÍTULO 4

EGIPTO MISTERIOSO

No sólo los antiguos griegos tamizaron y reconstruyeron la imagen del Antiguo Egipto que ha llegado hasta nosotros. A lo largo de la Historia encontramos diversos momentos en los que la ignorancia en unos casos y determinados intereses políticos o religiosos en otros han contribuido, en ocasiones de manera muy obvia, a la distorsión. Esa mezcolanza y tergiversación progresiva de las creencias egipcias ha contribuido con el tiempo a dotarlas de un halo de misterio que, en algunos casos, lleva aparejada la promesa de poderes extraordinarios y desconocidos. Ello ha alimentado su gran atractivo popular mucho tiempo después de la destrucción de su civilización.

La herencia egipcia

El judeocristianismo, sin ir más lejos, heredó gran parte de su simbología e incluso de sus rituales. Esto es a menudo fácilmente reconocible como sucede por ejemplo con las numerosas pinturas medievales en las que se representa el Juicio Final.

Por citar un caso próximo, examinemos las pinturas de la iglesia soriana de San Miguel de Gormaz, de construcción estimada entre finales del siglo IX y principios del X después de Cristo. Allí podemos

endo uno de los sistemas de escritura organizada
más antiguos del mundo, la escritura jeroglífica egipcia
e empleaba para principalmente en las inscripciones
ficiales de las paredes de templos y tumbas.

contemplar todavía hoy una escena del pesaje de las almas que no se diferencia demasiado de las que aparecen en el *Libro de los muertos*.

San Miguel y Satanás ocupan junto a una balanza los puestos respectivos de Thot y Anubis y separan a los dignos de salvación de los que no lo son. Los justos son abrazados en el regazo de tres personajes que según los estudiosos son Abraham, Isaac y Jacob, ubicados al lado de una torre rodeada de árboles, de la misma forma que en los papiros Osiris, Isis y Neftis los acogen junto a una estructura a medias palio, a medias torre, provista de una flor de loto. Mientras tanto, los condenados desfilan hacia una gran serpiente enroscada dentro de la cual hay un monstruo terrorífico que se los come literalmente, igual que Ammit la devoradora espera su turno para engullir a quien no ha superado el juicio escatológico en la Duat.

Aún más evidente es la comparación de las imágenes de la diosa Isis con Horus niño en su regazo, posteriormente calcadas por la imaginería judeocristiana en tantas y tantas vírgenes con el niño Jesús exactamente en la misma posición.

La diosa Isis sentada con Horus niño en su regazo fue obvia inspiración para las imágenes cristianas de la Virgen María con Jesús niño en idéntica posición.

Por no hablar de las relaciones de Jesús el Cristo con el Antiguo Egipto: desde la famosa huida de la Sagrada Familia relatada en el Nuevo Testamento –aunque luego el texto calla acerca del tiempo que pasaron José, María y Jesús en la tierra de los faraones y qué hicieron allí exactamente– hasta el descubrimiento a finales de 2008 de una vasija de cerámica entre las ruinas sumergidas de Alejandría con una inscripción, por supuesto en griego, grabada según los científicos antes del año 50 y que decía literalmente 'Dia Chrstou o Goistais'. Es decir: 'Por Cristo el mago'.

Frank Goddio, uno de los arqueólogos submarinos más prestigiosos del mundo y responsable de este hallazgo explicaba entonces que podría tratarse de la referencia más antigua de este tipo a Jesucristo, «en aquel tiempo el máximo exponente de la magia blanca». La vasija, según Goddio, podría «haber sido utilizada por un mago, que para legitimar sus poderes sobrenaturales, habría invocado a Cristo», lo que «no es descabellado» teniendo en cuenta que «en la época de la que estamos hablando, el primer siglo de nuestra era, la comunicación del Portus Magnus de Alejandría con la región de Palestina era muy fluida, con barcos que llegaban de allí a diario» por lo que «es muy probable que en Alejandría estuvieran al corriente de la existencia de Jesús y de los milagros que estaba obrando no muy lejos de allí».

La pieza, que según análisis posteriores podría haber sido utilizada como un vaso ritual adivinatorio, fue mostrada públicamente, también en España, en una exposición organizada en Madrid en noviembre de aquel año, y su aspecto era realmente tan sencillo -de pequeño tamaño y provista de un asa- como sorprendente su inscripción.

Podemos citar muchos paralelismos más pero anotaremos el más evidente: tanto, que hoy día pasa completamente inadvertido. Y es que pocos cristianos se imaginan que finalizan prácticamente todas sus oraciones con una invocación a un dios egipcio... Sin embargo, es exactamente así, como habrá deducido cualquier lector inteligente que haya llegado hasta este capítulo. Pues, ¿qué es la invocación *Amén* sino el nombre de Amón Ra, el dios más poderoso del Antiguo Egipto? De hecho, en su idioma se le conocía y nombraba con la última sílaba terminada en *en*, más que en *on*, como nosotros lo expresamos a día de hoy.

En el Nuevo Testamento, Jesús emplea esta palabra dos veces seguidas al comenzar algunas de sus predicaciones en una fórmula que suele traducirse como «En verdad, en verdad...», y él mismo es llamado «el Amén, testigo fiel y verdadero» en el *Libro del Apocalipsis* firmado por San Juan.

Formalmente, se asegura que *Amén* procede del hebreo o tal vez del arameo u otra lengua semítica. En todo caso, el término se relaciona invariablemente con el judaísmo, religión de la que lo adoptaron tanto el cristianismo como el islam, y suele traducirse como *«así sea»* en un sentido de afirmación irrebatible.

Pero nadie puede negar que el pueblo judío también interiorizó no pocas tradiciones y conceptos religiosos del Antiguo Egipto, civilización con la que convivió durante mucho tiempo.

Diversos investigadores apuntan que, en el *Talmud*, libro judaico sagrado, se especifica que *Amén* es un acrónimo que podría traducirse como «Dios, el Rey en el que se puede confiar».

¿Y no es Amón Ra, como hemos visto, la representación divina de la verdad y de la vida, el rey de los dioses, en el que se puede y se debe confiar puesto que ampara a todo aquél que sinceramente invoca su presencia y su protección?

La presencia de Isis

La fiebre arqueológica que se desató a partir del siglo XIX por la recuperación de momias, templos y pirámides está en parte relacionada con la influencia de la masonería, cuya tradición bebe también en las antiguas creencias egipcias, en los dos países europeos con mayor poder en la Europa de la época: Francia y Gran Bretaña. Arqueólogos más o menos profesionales se lanzaron a excavar los tesoros de la antigüedad y aportaron su cuota de reinterpretación en cuanto a los secretos mágicos que supuestamente guardan todo tipo de objetos, estatuas, pinturas y monumentos recuperados a lo largo de sucesivas campañas.

Fue Napoleón Bonaparte, iniciado masón en una logia marsellesa en 1793, quien encendió esta mecha durante la campaña militar francesa de Egipto y Siria entre 1798 y 1801. El objetivo oficial de esta incursión, que contó con un ejército de cerca de 40.000 hombres y un millar de cañones, se enmarcaba en la guerra contra los británicos, de los cuales los franceses fueron tradicionalmente –hasta que llegó el siglo XX, cuando cambiaron los equilibrios de poder europeos– uno de sus principales enemigos.

Ya como emperador, Napoleón Bonaparte trató de importar el espíritu de Egipto a Francia.

En el caso que nos ocupa, los franceses buscaban asentarse en la región para entorpecer e interrumpir en la medida de lo posible el contacto entre la metrópoli londinense y sus colonias asiáticas, en especial con la India.

El entonces jovencísimo general Bonaparte comandaba además a un millar de civiles, incluyendo más de 150 científicos y técnicos como el matemático Joseph Fourier, creador de las series trigonométricas que llevan su nombre; su colega Gaspard Monge, fundador de la Escuela Politécnica; el químico e inventor de la lejía Claude Louis Berthollet o el dibujante y grabador Vivant Denon, futuro director del Museo del Louvre.

Durante este viaje, sus subordinados, algunos de los cuales también eran masones, encontraron y se llevaron consigo a Francia piezas tan importantes como la célebre piedra de Rosetta –el nombre francés del puerto egipcio de Rashid, próximo a Alejandría–. Es éste un fragmento de una antigua estela, gracias al cual el historiador Jean François Champollion comenzó el desciframiento de la escritura jeroglífica. Irónicamente, la piedra de Rosetta constituye hoy una de las obras principales del Museo Británico en Londres, edificio cuyo contenido supone una auténtica oda al saqueo arqueológico llevado a cabo por los británicos en todo el mundo.

La piedra de Rosetta contiene la misma inscripción en caracteres jeroglíficos, demóticos y griegos.

Sobre la misteriosa experiencia de Napoleón durante la noche que pasó en el interior de la pirámide de Keops existen muchas teorías, varias fábulas y algunas novelas, pero el solo hecho de que deseara experimentar esa estancia en soledad en la llamada Cámara del Rey es bastante sugerente respecto a la existencia de unos objetivos espirituales, al menos personales, que iban mucho más allá de los objetivos políticos o militares declarados. De hecho, tras su ascenso al trono como emperador, trató de importar el espíritu de Egipto a Francia o al menos a París, ciudad cuyo nombre también resulta, en este caso, evocador.

Oficialmente, la capital francesa debe su nombre a un pueblo galo que vivía a orillas del río Sena: los parisii o parisios. Su origen no está muy claro y existe incluso una teoría que pretende relacionarlos con el homérico Paris, el hijo del rey Príamo y desencadenante a la postre de la guerra de Troya, tras enamorar y raptar a Helena, la esposa del rey espartano Menelao.

Una visión más esotérica, con la que coincidiría Bonaparte, plantea que el nombre de la ciudad se corresponde más bien con la expresión *Par Isis* o *cerca de Isis* (o incluso *Casa de Isis,* como ha sugerido algún autor). Lo cierto es que, al menos desde la época romana, la diosa tuvo un templo en su honor ubicado en la Ile de la Cité, isla con forma de barca, sobre la cual se alzaría más tarde la catedral de Notre Dame, *Nuestra Señora.* Es decir, dedicada expresamente a la Virgen María, cuya imagen hemos visto representada de manera muy similar a la de la esposa de Osiris.

Los templarios, en cuyas construcciones religiosas era corriente encontrar "vírgenes negras" –relacionadas también con Isis, al ser simbólicamente el negro el color de África, igual que el blanco lo es de Europa–, eran especialmente devotos de la misma diosa. O quizá deberíamos decir, de las mismas diosas.

Un monje del siglo XIV, Jacques le Grant, dejó escrito que en los días de Carlomagno existía en el territorio de lo que hoy es Francia "una ciudad nombrada Iseos, llamada así en honor a la diosa Isis, que era venerada allí. Ahora se llama Melun. París debe su nombre a las mismas circunstancias". Esta Melun, que en época romana también fue conocida como Melodunum, se encuentra ubicada a unos cuarenta kilómetros al sureste de París y forma parte de la metrópoli capitalina.

Dos siglos más tarde, en el XVI, el historiador Lemaire de Belge también dejó escrito que una figura de Isis había sido adorada en la abadía de Saint-Germain-des-Prés y acaso no sea más que un guiño de la Historia el hecho de que este conocido barrio parisino esté asociado a los intelectuales de la Ilustración, muchos de ellos también masones, y a los filósofos existencialistas del siglo XX...

ISIS EN EL ESCUDO DE PARÍS

En enero de 1811, Napoleón Bonaparte ordenó que la diosa pasara a protagonizar el mismísimo escudo de armas de París, que adoptó unos símbolos incontestables: sobre el río Sena, remedando al Nilo, un navío antiguo de estilo egipcio cuya proa mostraba una estatua sedente de Isis navegaba guiado por una estrella de cinco puntas con tres abejas de oro encima del conjunto.

A día de hoy, el barco aún aparece en ese escudo, aunque ahora su aspecto es el de una coca medieval, por supuesto ya sin la presencia de la diosa a bordo, mientras que las abejas han sido transformadas en flores de lis y han aumentado en cantidad. En cuanto a la estrella, también ha desaparecido de lo alto, si bien en la parte baja del escudo, entre las tres medallas allí ubicadas, figura la Orden Nacional de la Legión de Honor, que tiene forma de cinco puntas dobles.

El símbolo de la abeja es muy antiguo y hemos visto que está directamente vinculado con Menfis y el Bajo Egipto. Las abejas también fueron utilizadas por los reyes merovingios y, a partir de los Capetos, curiosamente también sustituidas por las flores de lis. Algunos autores creen que en realidad el diseño de esta flor es una evolución –o una forma de camuflar– el del insecto melífero. Otros apuntan que la flor del lirio está asociada desde antiguo a la realeza respaldada por la divinidad y, por cierto, también a la Virgen María. Y aún hay algunos más que recuerdan que, a partir del Renacimiento, los alquimistas hacían colocar una de ellas en su blasón si lograban apoderarse de la piedra filosofal.

El lirio está asociado a la luz, la perfección, la pureza, el honor y la resurrección. Lo encontramos también en algunas de las órdenes caballerescas donde se refugiarían los templarios tras sufrir la persecución de la Corona de Francia y el Vaticano: la Orden de Santiago la luce en tres de sus puntas, por ejemplo. También aparece en el simbolismo de la francmasonería, junto a la granada.

Historias perdidas

Poeta, legislador y político, Solón de Atenas fue uno de los sabios griegos más respetados de la antigüedad. Estaba incluido en la exclusiva lista de los conocidos como siete sabios de Grecia compuesta por filósofos, estadistas y legisladores, junto con Cleóbulo de Lindos, Quilón de Esparta, Bias de Priene, Tales de Mileto, Pítaco de Mitilene y Periandro de Corinto.

Solón vivió entre los siglos VI y V antes de Cristo y, como muchos de sus compatriotas, fue un viajero curioso. Durante sus empresas comerciales, en las que tuvo ocasión de visitar otras tierras como las de Chipre, Lidia y Egipto, no se limitó a hacer negocios sino que trató de aprender acerca de los hechos de los lugares que visitaba. Durante su estancia en la ciudad de Sais, al oeste del delta del Nilo, pudo departir con un anciano sacerdote de la diosa Neith llamado Sonchis, quien le hizo unas cuantas revelaciones interesantes.

Es posible que Solón, como Heródoto y otros griegos que también viajaron a Egipto, recibiera la oportunidad de iniciarse en sus Misterios. Algunas de las frases atribuidas a su sabiduría –por ejemplo «Busca dentro de ti mismo, en tu cabeza, porque allí lo encontrarás todo», «Medita en cosas serias» o «No te apresures a decir lo que sabes: aun sabiendo, calla»– así parecen sugerirlo.

O tal vez Solón se limitara a intentar impresionar a Sonchis describiéndole las conquistas de la cultura griega y, en ese caso, el egipcio se encargó de ponerle en su lugar al explicarle que los griegos eran «jóvenes en lo que a vuestra alma respecta, pues no guardáis en ella ninguna opinión antigua procedente de una vieja tradición ni tenéis ninguna ciencia encanecida por el tiempo», como sucedía con los textos guardados en Egipto. De acuerdo con estos manuscritos, la humanidad «ha sido ya destruida y lo será de nuevo, de muchas maneras» sobre todo «por obra del fuego y del agua» en forma de cuerpos celestes que «desviados» matan «todo lo que hay sobre la Tierra por la superabundancia del fuego» o de inundaciones gigantescas «cuando los dioses purifican el mundo».

De esta manera, «no sobreviven de entre vosotros más que gente sin cultura e ignorantes, y así volvéis a ser nuevamente jóvenes, sin conocer nada de lo que ha ocurrido aquí ni entre vosotros, ni en los tiempos antiguos» y como ejemplo le explicó que «vosotros no recordáis más que un diluvio terrestre siendo así que anteriormente hubo ya muchos de éstos» pero «lo ignoráis porque los supervivientes murieron sin haber sido capaces de expresarse por escrito».

Sin embargo, en los archivos egipcios, afirmaba Sonchis, sí se conservaba la memoria. Y entre sus textos figuraba la historia de la Atlántida, «un poder insolente junto a las Columnas de Hércules» que había existido 9.000 años antes y cuyas fronteras orientales se extendían por las costas africanas hasta Egipto y por las europeas, hasta el mar Tirreno. Pero los reyes atlantes no tenían suficiente y quisieron ampliar su imperio. Y cometieron el error de intentar «en una sola expedición, sojuzgar vuestro país y el nuestro y cuantos se hallan a esta parte de acá del estrecho» de Gibraltar al mismo tiempo.

Aquello fue un hueso demasiado grande para roer, según el sacerdote egipcio, pues los antiguos atenienses, de los cuales los contemporáneos de Solón habían perdido el recuerdo, se alzaron y «por su fortaleza de alma y por su espíritu militar» y «al borde de los peligros máximos» consiguieron derrotar a los invasores. Entonces se desató la furia de la Naturaleza, con «terribles temblores de tierra y cataclismos» y «durante un día y una noche horribles» todo el ejército ateniense «fue tragado de golpe por la tierra» mientras que la Atlántida «se abismó en el mar y desapareció».

A su regreso a Grecia, Solón contó lo que le había relatado Sonchis y algunos autores recogieron su experiencia. Los fragmentos entrecomillados pertenecen al *Timeo*, obra de Platón, que también cita a la perdida civilización atlante en su *Critias*. Igualmente, Plutarco cuenta lo sucedido en su *Vida de Solón*, en la que además de Sonchis de Sais cita a otro sacerdote egipcio como informante, llamado Psenofis de Heliópolis.

A partir de ahí, el mito de la Atlántida no hizo sino crecer y su búsqueda ha derivado en las más absurdas teorías acerca de su ubicación: desde la isla de Santorini –ubicada en el mar Egeo, demasiado

Un sacerdote egipcio habló por primera vez a Solón de Atenas acerca de la existencia de la mítica Atlántida, la civilización hundida «durante un día y una noche horribles».

al este– hasta la antigua Canaán –todavía más al este- pasando por el mar del Norte –demasiado al norte–, el centro del Atlántico –demasiado al oeste y hoy sabemos que geológicamente imposible– o Indonesia –demasiado absurdo–, entre otras.

Quizás hubiera varios territorios en tiempos muy antiguos que llevaron ese nombre y tampoco sería una sorpresa constatar que ninguno de ellos se parecía en el mundo material a las visiones fantásticas que sus buscadores han acuñado a lo largo de los milenios.

También existen hipótesis acerca de su posible ubicación en España, centradas en su mayoría en la provincia de Cádiz y en el entorno del Parque Nacional de Doñana.

En este caso el planteamiento más sólido y estructurado y, a la vez, más sorprendente pasa por los trabajos del filólogo y prehistoriador Jorge María Ribero Meneses, quien desde 1984 ha publicado decenas de libros y centenares de artículos para demostrar que la humanidad racional nació en el norte de la península ibérica «entre los Picos de Europa y el litoral de Guipúzcoa» donde, de acuerdo con sus investigaciones, estuvo realmente esa civilización primera y desde donde se extendió a este y oeste del planeta.

Aun trabajando desde la Filología, sucesivos estudios científicos han apoyado sus ideas en los últimos años: desde el informe publicado en 2006 por la universidad de Oxford que confirma que los británicos descienden de pescadores provenientes de lo que hoy es el norte de España, hasta los sucesivos hallazgos en la provincia burgalesa de Atapuerca que certifican éste como el suelo europeo más antiguo hollado por el *Homo Sapiens*. No obstante, lo profundo de sus revelaciones le ha hecho acreedor de un velo de silencio por parte de la ciencia formal, ya que lo que plantea altera completamente lo que sabemos oficialmente sobre la Historia. Aún así será difícil que ese silencio se mantenga una vez que otros investigadores profundicen en sus planteamientos y, sobre todo, estudien a fondo los espectaculares fósiles de antigüedad escalofriante que este investigador continúa desenterrando después de que una ciclogénesis explosiva registrada en 2014 las dejara al descubierto en una playa de Cantabria.

Ribero Meneses afirma que los antiguos egipcios mantuvieron viva la memoria de su origen, ya que en numerosos jeroglíficos se habla de su procedencia mítica del País del Ocaso o de Occidente y por este nombre, entre otros, se conocía precisamente a la península ibérica, ubicada de manera literal en el final del mundo conocido ya que, para nuestros ancestros, más allá sólo existía el océano y el Sol que se hundía por aquel extremo del universo conocido. De hecho, las banderas españolas siempre han contado con colores rojos, púrpuras o amarillos, colores del Sol, para destacar ese hecho.

Gracias a su conocimiento del lenguaje, ha publicado multitud de análisis lingüísticos para probar sus descubrimientos. Por ejemplo, el dios solar Atón no sería más que la degradación final del término *Asterión* –del que entre otros provienen el nombre de *astro* y también de *Asturias*– que se refiere a la estrella creadora de la vida. El nombre de varios faraones, como Tutanjamon o Tutmosis también haría referencia a los titanes que según diversas fuentes antiguas fueron los primeros seres racionales sobre la Tierra y los padres de la Humanidad y que vivieron según algunos textos en Atlántida. La misma denominación de faraón conmemora, según Ribero Meneses, a Faroneo que en viejos manuscritos figura como el primer rey hispano y que también habría influido a la hora de crear palabras como *feria*, *fuero* y *faro* –en este punto, cabe recordar que los judíos conocieron a España con el nombre de Sefarad–. A finales del siglo XX se publicó además la historia del llamado papiro de Artemidoro, encontrado entre los restos de una máscara funeraria, donde aparece dibujado un mapa de la península ibérica junto con un texto alusivo. Para este investigador, está claro que se trata de una guía para el Otro Mundo, con objeto de que su usuario encontrase más fácilmente el camino de regreso al País del Ocaso.

En cuanto a la Atlántida, sus habitantes eran, en su opinión, pelirrojos aunque la mayoría de sus descendientes –historiadores como

Cayo Julio Solino hablan de los hesperios o hispanos como gentes «de cabellos rojos, ojos verdes con espantosa vista y terrible voz»– fueron asesinados y sus ciudades arrasadas durante las sangrientas guerras cántabras cuando la antigua Roma impuso su *pax* en Hispania con su brutal y típico estilo: matar a todo el mundo excepto a los que se rindieran de entrada y sustituir la población autóctona por colonos romanos.

Aún así, todavía en el siglo XV existía el recuerdo de ciertas historias perdidas e Isabel la Católica mandaba construir el colegio de San Gregorio de Valladolid. Su fachada plateresca reproduce en piedra la genealogía de la Corona de Castilla y la hace derivar, por una parte, de la Fuente de la Vida –aquella cuyo nombre, Fuente de Castalia, copiarían los griegos para llevarla a su santuario de Delfos– y, por otra, de los diez reyes de la Atlántida. Aunque Platón habló de ellos entre el siglo IV y el III

La fachada del colegio vallisoletano de San Gregorio vincula a los diez reyes de la Atlántida con la Corona de Castilla.

antes de Cristo, es este edificio vallisoletano el único en el que todavía hoy podemos admirar la única representación artística antigua que existe de estos reyes.

Entre los hallazgos científicos más recientes que apoyan la visión de Ribero Meneses citaremos aún otros dos. El primero es el informe del centro iGENEA de Zurich que en 2011 reconstruyó el perfil de ADN de Tutanjamón y también de su padre Ajenatón y su abuelo Amenhotep III. Descubrió que todos pertenecían a una variante genética –el haplogrupo R1b1a2– presente en el 70 % de los españoles y de los británicos –que, recordemos, descienden de los españoles–. Por comparar, esa variante genética aparece en más de un 50 % del resto de europeos autóctonos y sólo en el 1 % de los egipcios contemporáneos.

El segundo hallazgo es aún más revelador, a pesar de que las autoridades egipcias y especialmente el conocido arqueólogo Zahi Hawass, ex ministro y ex responsable del Consejo Superior de Antigüedades de Egipto durante el régimen dictatorial de Hosni Mubarak, intentaron ocultarlo de forma bastante deshonesta. En 2010 la revista *National Geographic* corrió con los gastos de unos análisis genéticos para determinar la identidad de unas momias que se pensaba estaban relacionadas con Tutanjamon. A cambio, el propio Hawass escribiría un reportaje sobre el asunto y se grabaría un documental especial para televisión. Se confirmó así la identidad de todas las momias, incluyendo la de la llamada «dama anciana» que resultó ser Tiy, la esposa de Amenhotep III y madre de Ajenaton.

Estamos hablando del mismo Hawass que declaraba en una entrevista estar «orgulloso de haber parado todas las excavaciones en el Alto Egipto», incluyendo la localización de 132 sitios arqueológicos nunca excavados descubiertos vía satélite ya en 2009. Y del mismo que en agosto de 1996 confirmó en televisión la existencia de un misterioso túnel bajo la Esfinge, del que adelantamos algo en el capítulo anterior, anunciando que sería su administración la que lo abriría por primera vez…, pero, en abril de 1999, negó que hubiera ningún túnel y dio portazo a todas las propuestas de excavación en la zona.

Este mismo personaje declaró secreta, sin explicar muy bien por qué, parte de la investigación de *National Geographic*. Sin embargo, durante la grabación de una entrevista en su despacho para el documental, se coló un plano de su ordenador en cuya pantalla aparecían reproducidos los marcadores genéticos del análisis. El programa fue visto por un biólogo molecular norteamericano llamado Whit Athey, al que le llamó la atención, y tras tomar buena nota comprobó que esos marcadores correspondían de manera incontestable a individuos originarios del extremo occidental cantábrico del continente europeo y más concretamente de…, Asturias.

Aún más, a pesar de la censura oficial de esta noticia, el propio Hawass describiría a la momia de la «dama anciana» en su reportaje con estas palabras: «espléndida incluso después de muerta, tiene una larga cabellera rojiza sobre los hombros…»

Podríamos hablar largo y tendido de la relación filológica entre el Antiguo Egipto y Asturias. Ahí tenemos a los *astyres* que según la obra del cónsul y poeta romano Silio Itálico fueron los compañeros de Osiris en sus expediciones civilizadoras por el mundo antes de ser asesinado por Seth. O de la fuente que lleva por nombre Fonfaraón ubicada en las proximidades de la localidad asturiana de Tineo, de nombre tan espectacularmente similar al de Tinis, la que fuera capital de las dos primeras dinastías egipcias que precisamente por eso se llaman *tinitas*. O del río asturiano Nalón, que no deja de ser filológicamente otra versión de Nilo. O del monasterio de Hermo, que de inmediato nos trae a la memoria a Hermes/Thot, hoy una minúscula parroquia ubicada en el interior del parque natural de las Fuentes del Narcea, Degaña e Ibias –tan parecido el nombre de esta localidad al del ibis, el ave sagrada del mismo dios–. O de la parroquia de Amandi, entre Gijón y Ribadesella, que obviamente nos trae a la memoria el Amenti egipcio. Tantas casualidades…, o quizá causalidades.

Hermes Trismegisto y el Hermetismo

Egipto es cuna de misterios, instrucciones secretas, maestros desconocidos y búsquedas interiores, en parte reales, en parte fabuladas. Pero la herencia espiritual más importante de su civilización es sin duda el Hermetismo: la enseñanza dictada por Hermes Trismegisto o *El tres veces grande*, denominación con la que los griegos rebautizaron a un sabio egipcio de alguna manera relacionado con el dios Thot o Djehuty y del que poco o nada se sabe.

Los autores antiguos trataron de censar las obras de Hermes pero su número exacto es también desconocido: Clemente de Alejandría hablaba de 42 tratados mientras que Jámblico elevaba esa cifra a 20.000.

En esta ilustración, Hermes Trismegisto alude a los elementos alquímicos citados en la Tabla de Esmeralda.

Un estudio moderno es el del erudito británico Walter Scott, profesor de lenguas clásicas en la universidad australiana de Sidney y la canadiense de McGill. Su título genérico es *Hermética* y constituye una recopilación de antiguos textos grecolatinos redactados entre los siglos II y III después de Cristo, copiados y traducidos de los egipcios, que contenían las enseñanzas de este maestro. Entre ellos figuran dos discursos clásicos en el género: el *Poimandres* y el *Asklepio*.

La importancia de estos manuscritos radica en el hecho de que los textos originales estaban fuera del alcance de casi todo el mundo, pues eran sagrados y sólo los sacerdotes a partir de cierto rango tenían acceso a ellos. Y eso, además, en un mundo en el que la mayoría de las personas no sabían leer y, mucho menos, leer los jeroglíficos. Algunos afortunados que llegaron a disponer de estos libros hicieron las copias que después circularían en las escuelas filosóficas griegas y romanas y que de todas formas seguirían sin llegar a manos de la mayoría de las personas con capacidad para leerlos.

Según Scott, la enseñanza hermética posee dos caracteres principales. El primero es su eclecticismo, pues ningún manuscrito se considera «revelado» y por tanto infalible, como sucede con los textos de las religiones abrahámicas que se autodefinen como «palabra de Dios». Por ello, «*cada uno de los hermetistas era libre de partir de cero y de pensar las cosas por sí mismo*» y de hecho así debía hacerlo pues lo más importante en el Hermetismo nunca fue la cantidad de conocimiento disponible sino la comprensión aun de un pequeño fragmento del mismo. La idea es que la Sabiduría está expuesta al alcance del buscador que de verdad quiera encontrarla pero será incapaz de verla y, si la encuentra, de utilizarla, si no reflexiona y comprende en profundidad –y por tanto, asume e incorpora a su vida personal– el significado de lo que se le ha revelado.

Por lo demás, el mismo buscador no debe criticar a las personas corrientes que no se encuentran interesadas en esta enseñanza y mucho menos hacer proselitismo de ella, pues el anhelo espiritual debe nacer de manera individual. Esta libertad de pensamiento y acción es por completo inusual en la historia de las religiones.

El segundo carácter básico es la ausencia de lo que llama «sacramentalismo» porque la divinidad no se considera encerrada en un lugar sagrado concreto como sucede en los templos corrientes, con sus iconos, sus reliquias y sus *sancta sanctorum*, sino que está presente en todo lo que rodea al estudiante y en todo lo que él puede hacer. En este sentido, diferencia a Dios, como ser supremo, de los dioses como seres intermedios entre el primero y los seres humanos.

Los manuscritos recogidos y traducidos por Scott insisten en la necesidad del perfeccionamiento personal del estudiante y de la importancia que adquiere la sabiduría sobre cualquier otra virtud o valor, como la fe o la riqueza material. Este concepto influirá enormemente en el gnosticismo y otras doctrinas posteriores.

También confirman que los hermetistas iniciados defendían la existencia de una divinidad única. En el *Asklepio* el propio Hermes advierte de que «*no existe más que un solo Dios* (aquí identificado con el nombre de Amón Ra) *y sólo él tiene derecho a recibir nuestra adoración*».

El más conocido de los textos herméticos es el breve pero enrevesado manuscrito titulado *Tabla de Esmeralda* que, según la leyenda,

fue tallado originalmente sobre una plancha de este mineral precioso. Las fuentes escritas más antiguas disponibles de este fragmento de sabiduría hermética en este momento se remontan al siglo VII después de Cristo y durante mucho tiempo fue relacionado con la Gran Obra de la Alquimia. Es éste, además, un excelente ejemplo de la diferencia entre leer algo y comprender su significado. Describe un grupo de preceptos, atribuidos al mismo Hermes Trismegisto, que se encuentran más allá del entendimiento de los neófitos. Su primera traducción del latín al inglés la llevó a cabo Isaac Newton, que repartió su existencia entre el estudio del ocultismo y el de la ciencia formal, aunque a nivel popular sólo se le relacione hoy día con ésta última. Existen algunas variantes del texto, que viene a decir lo siguiente:

Lo que digo no es falso, sino digno de crédito y del todo cierto.
Lo que está abajo es como lo que está arriba y lo que está arriba es como lo que está abajo. Actúa todo para cumplir las maravillas del Uno.
Como todas las cosas fueron creadas por la Palabra del Uno, así todas las cosas fueron creadas a su imagen, de una sola cosa.
Su padre es el Sol y su madre, la Luna. El Viento lo lleva en su vientre. Su nodriza es la Tierra.
Es el padre de la Perfección en el mundo entero.
Su poder es grande cuando se ha transformado en tierra.
Separa la tierra del fuego, lo sutil de lo denso, pero hazlo con prudencia y suavidad.
Usa tu Mente por completo y sube de la Tierra al Cielo. Luego vuelve a descender a la Tierra y combina los poderes de lo que está arriba y lo que está abajo. Así ganarás la gloria del mundo y la oscuridad huirá de ti.
Es la fuerza más poderosa y vencerá a todas las cosas sutiles y penetrará en todas las cosas sólidas.
De este modo, el universo ha sido creado y éste es el origen de todos los prodigios.
Por esto soy llamado Hermes Trismegisto, pues poseo las tres partes de la filosofía cósmica.
Así concluye lo que tengo que decir sobre el funcionamiento del Sol.

A principios del siglo XX se publicó en inglés el primer libro contemporáneo que resumía y explicaba de manera más comprensible las enseñanzas herméticas: el *Kybalión*, firmado por un desconocido grupo autodenominado «los tres iniciados». Entre los posibles autores figuran, según diversas hipótesis, conocidos ocultistas norteamericanos de la época como William Walker Atkinson, Michael Whitty y Paul Foster Case..., pero también miembros desconocidos de la Sociedad Teosófica, ya que fue el fundador de su filial española, Federico Climent Terrer, el encargado de traducir el texto inglés al

español. Sin embargo, fieles al estilo de la enseñanza hermética, a día de hoy se ignora quiénes se ocultan realmente tras este seudónimo o si acaso fue un solo autor, que prefirió desdoblarse en tres como *el tres veces grande*.

En cualquier caso, el *Kybalión* desarrolla de manera asequible los preceptos de la enseñanza de Trismegisto, incluyendo la enumeración de las llamadas siete leyes herméticas, que son la base del trabajo espiritual en las Escuelas de Misterios que a lo largo de los milenios han propiciado el progreso de la humanidad, según diversos eruditos e investigadores.

El filósofo contemporáneo más destacado en este ámbito es el chileno Darío Salas Sommer que diseñó una aplicación práctica del Hermetismo en sus numerosas conferencias y diversos libros –publicados con su nombre o bien con el seudónimo de John Baines– a partir de conceptos como la Física Moral o la Filosofía Operativa. Defensor a ultranza del valor supremo de la conciencia, Salas Sommer destaca en su trabajo que las ideas filosóficas contenidas en el Hermetismo *«resultan tan útiles para la calidad de vida del ser humano a día de hoy como lo eran en la época de Hermes»*. El mismo Trismegisto llegaba a afirmar que *«las personas sin conciencia no se diferencian de los animales, puesto que se comportan de forma similar: sometidos a sus pasiones e instintos»*.

LAS SIETE LEYES HERMÉTICAS

En su obra *El hombre estelar*, Salas Sommer enumera las siete leyes herméticas y explica en profundidad cada una de ellas, describiendo cómo influyen en el devenir del ser humano y justifican no sólo las vivencias cotidianas, por lo común incomprensibles, sino el mismo sentido de la existencia humana. Enumera estas leyes o principios de este modo:

- **Mentalismo:** Todo es mente, el universo es mental.
- **Correspondencia:** Como arriba es abajo, como abajo es arriba.
- **Vibración:** Nada está inmóvil, todo se mueve, todo vibra.
- **Polaridad:** Todo es doble, todo tiene dos polos, todo tiene su par de opuestos; los semejantes y los antagónicos son lo mismo, los opuestos son idénticos en naturaleza pero diferentes en grado, los extremos se tocan; todas las verdades son semiverdades y todas las paradojas pueden reconciliarse.
- **Ritmo:** Todo fluye y refluye, todo asciende y desciende; la oscilación pendular se manifiesta en todas las cosas, la medida del movimiento hacia la derecha es la misma que la de la oscilación a la izquierda; el ritmo es la compensación.
- **Causa y efecto:** Toda causa tiene un efecto, todo efecto tiene su causa, todo ocurre de acuerdo con la ley; azar no es más que el nombre que se le da a una ley desconocida; hay muchos planos de causación, pero ninguno escapa a la ley.
- **Generación:** El género está en todo, tiene sus principios masculino y femenino, el género se manifiesta en todos los planos.

Una comprensión profunda de los siete principios sería suficiente para encontrar sentido a la vida y convertirse en una especie de semidiós sobre la Tierra, de acuerdo con el Hermetismo. Pero como el ser humano no sabe quintaesenciar la sabiduría debe desarrollar un trabajo a largo plazo para ir incorporándola poco a poco, en un camino espiritual laico.

Este trabajo, tal y como recuerda el filósofo chileno, no tiene nada que ver con ser bueno, dar limosna, rezar mucho, etc., sino con aumentar el tamaño real del espíritu propio, de la chispa divina que anima la existencia y que es nuestra verdadera identidad, aunque la mayoría de las personas viva ignorante o de espaldas a ella. Esta es la labor que exige Dios porque todo lo que crezca el espíritu es también crecimiento del propio Dios.

Si se consigue el éxito en lo que los alquimistas definieron en su tiempo como la Obra Magna y el espíritu logra acceder al cuerpo físico a través del alma, puede entonces aprovechar el breve marco temporal de una vida humana para aumentar el ser y es eso lo único que tendrá importancia después de la muerte en el pesaje osiríaco, no si uno fue rico o pobre, guapo o feo, simpático o huraño, hombre o mujer...

Salas Sommer añade que el Hermetismo no es un conocimiento para las masas, sino para personas concretas que, sólo después de triunfar en una serie de pruebas, se ganan su derecho a estudiarlo y aplicarlo. Las verdades que enseña requieren una purificación progresiva y previa para acceder a ellas y no ser destruido por «la visión de Isis desnuda».

La otra opción es vivir una vida corriente, devorada a medias por los placeres y a medias por los sufrimientos, obsesionada con el poder personal y los bienes materiales, esclavizada a las pasiones y los instintos e hipnotizada por la tecnología. Una vida sin sentido, de la que a veces el deterioro mental nos impide salvar ni siquiera los recuerdos y que, en el mejor de los casos, aboca a la persona a medida que cumple años hacia un desánimo melancólico y una sensación de fracaso e inanidad, además de alimentar su pánico ante la perspectiva de la muerte.

Recordemos lo que advertía el propio Heródoto al hablar de los Misterios egipcios: «*sobre estos asuntos, aunque conozco perfectamente sus detalles, tengo que guardar un discreto silencio...*»

En su obra, el filósofo chileno también ha hablado acerca de la singularidad material y tecnológica de la civilización egipcia, dotada de profundos conocimientos en materia de astronomía, arquitectura, medicina, geometría, matemáticas... La imagen inventada por Hollywood de un pueblo de esclavos embrutecidos dirigidos por unos sacerdotes fanáticos al servicio de un tiránico faraón no se corresponde demasiado con la realidad.

Así, en *¿Cuánto vale una persona?* señala algunas de las tecnologías que poseían y que se perdieron en épocas posteriores, en algunos casos hasta tiempos muy modernos. Entre ellos, la capacidad de fabricación y colocación de más de cien mil bloques de piedra en templos y pirámides de forma que la separación entre ellos no superaba el medio milímetro, el uso de taladros perforadores de granito ya desde la primera dinastía, la construcción de cajas de granito y basalto de unas 100 toneladas cada una incluyendo sus tapas o los trabajos médicos sobre el encéfalo, un órgano que aparece ya en un papiro escrito en el siglo XVII antes de Cristo.

Estudios técnicos

La mayor parte de los misterios relacionados con la tecnología del Antiguo Egipto suele girar en torno a las pirámides ubicadas en la planicie de Guiza y sobre todo a la de Keops. Partamos de la base, como ya hemos adelantado, de que no existe unanimidad sobre cuál era su función real más allá de la extendida leyenda de que servirían

La llamada teoría de Orión sugiere una relación entre esta constelación y las grandes pirámides de Guiza.

de tumbas, puesto que jamás se encontró en su interior momia alguna, ni rastro de que hubiera habido algún cuerpo, ni sarcófago ni ningún tesoro asociado. Tampoco hay pinturas, jeroglíficos ni decoración alguna, lo cual resulta revelador, teniendo en cuenta que todas las tumbas reales que conocemos están llenas de ellos.

Ni siquiera existe documentación fiable sobre unas obras que, de haberse ejecutado tal y como se nos dice y en la época que se nos dice, deberían haber generado numerosas noticias durante decenios acerca de la colosal tarea de construcción debido a su impacto monumental, religioso, social y económico en la sociedad egipcia e incluso entre sus vecinos.

Todo ello ha justificado algunas hipótesis como la presentada en 2013 por varios arqueólogos alemanes, que llegaron a la conclusión de que, al menos la gran pirámide de Keops, es mucho más antigua de lo indicado. No han sido los únicos. Diversos estudios tomando en cuenta las peculiaridades de su edificación terminaron por alumbrar la teoría de Orión, según la cual las tres pirámides más grandes –de Keops, Kefrén y Mikerinos– muestran una asombrosa correlación con la constelación de Orión y en concreto de las tres estrellas que forman el «cinturón» de esta figura celeste: Alnilam, Mintaka y Alnitak. Por cierto, uno de los canales de ventilación del interior de la de Keops apunta también hacia esta constelación..., y habría que preguntarse para qué se necesitan conductos de ventilación en una supuesta tumba.

Lo más llamativo es que la correlación exacta se produjo hacia el año 10500 antes de Cristo. Más o menos la misma fecha en la que la constelación de Leo estaría también alineada con la Esfinge. Pero esto supone aceptar la existencia de una civilización muy anterior a los registros históricos que obran en nuestro poder y volver a la teoría de la Atlántida...

Centrándonos en misterios más a nuestro alcance, lo cierto es que encontramos datos sorprendentes en la pirámide de Keops, como el hecho de que la alineación de sus caras hacia los cuatro puntos cardinales posea una precisión superior a la quinceava parte de un grado, que aparezca el número pi al sumar el perímetro de su base y dividirlo por dos veces su altura o que hallemos también la proporción áurea o número phi al menos hasta tres veces en ella: al dividir la suma de sus cuatro áreas triangulares entre el área de la base cuadrada, al dividir el área total de la pirámide –la suma de las cuatro áreas triangulares más la cuadrada- entre las mismas cuatro áreas y al dividir la altura de uno de sus lados triangulares entre la mitad de la base del triángulo.

Los científicos y técnicos que acompañaron a Bonaparte en su expedición procedieron a verificar la triangulación de Egipto y para ello emplearon la gran pirámide de Keops como punto de partida para fijar un meridiano central. Asombrados, descubrieron que prolongando las líneas diagonales de la estructura quedaba delimitado el delta del Nilo y que el meridiano piramidal lo cortaba en dos regiones iguales. Aún más, Francia e Inglaterra se disputaron el honor de fijar el meridiano central del planeta, que comenzó siendo el de París y luego fue sustituido por el de Greenwich. Sin embargo, el meridiano ideal es el determinado por los sabios egipcios, puesto que es el que atraviesa mayor número de tierras y menor número de mares. Además, se transforma en oceánico a partir del estrecho de Bering y, aún más, se ha calculado la extensión de las tierras habitables y se ha descubierto que el meridiano de la gran pirámide la divide en dos sectores iguales. Estos insólitos cálculos obligan a pensar qué superficie del globo conocían exactamente los constructores de la pirámide pero las posibles respuestas que se vienen a la cabeza desafían, como otros detalles que hemos visto antes, la Historia oficial por lo que, simplemente, no se habla de ello.

De lo que no cabe duda es que el saber geométrico y matemático de los egipcios es muy superior al que suele creerse. Baste recordar que los números que corresponden a sus medidas nos remiten al sistema decimal, con sus bases de cuatro lados, sus cuatro aristas, sus cinco caras y sus cinco ángulos.

Otro ejemplo pasmoso es el relacionado con las medidas utilizadas por los egipcios, que utilizaban el codo –dividido en 25 pulgadas–, en dos magnitudes: la vulgar –la de los constructores corrientes– y la sagrada –la empleada por los sacerdotes–. Obviamente, en la pirámide de Keops se empleó el codo sagrado, que equivale a 0,635660 metros.

Cuando se determinó el metro como la unidad básica de las medidas longitudinales, su valor quedó fijado tomando la diezmillonésima parte del cuadrante de un meridiano terrestre. Como la esfericidad de la Tierra no es exacta sino irregular, el metro no tiene la misma longitud en relación con todos los meridianos, por lo que a la hora de realizar grandes cálculos no es del todo fiable. Por ello, los ingenieros geodestas buscaron otra magnitud terrestre fija y encontraron que la más fiable era la del eje polar, cuya mitad es el radio.

Ahora, si multiplicamos la cifra del codo piramidal por diez millones, lo que encontramos es precisamente el valor que nuestros científicos contemporáneos adjudican al radio polar de la Tierra…

El misterio no radica sólo en las pirámides. El perito industrial Pedro García Micieces, uno de los principales expertos contemporáneos en construcción metálica de España, publicó a finales del siglo XX una serie de artículos en los que desglosaba desde su experiencia profesional las «imposibilidades» de la técnica egipcia.

Así, por ejemplo, demostraba la imposibilidad de transportar bloques de piedra tan descomunales como los obeliscos, de acuerdo con la peregrina idea de colocarlos sobre un trineo o unos rodillos de madera para que una muchedumbre los empujara o tirara de ellos. Tomando como ejemplo el conocido obelisco inacabado de Asuán y, sin tener en cuenta el misterio acerca de cómo fue tallado en la cantera, aportaba un razonamiento puramente técnico para explicar que la única manera de mover semejante masa de 40 metros de largo y 1.200 toneladas de peso habría sido utilizando rodillos de acero normalizados –exactamente iguales en diámetro– y hacerlo además sobre una carretera de roca, perfectamente nivelada, sólo para llevar la pieza hasta el río. Una vez allí, habría que cargarla en un barco que fuera lo suficientemente grande y resistente como para soportar ese peso pero ¿cómo hacerlo si, para empezar, los egipcios no cono-

El obelisco inacabado de Asuán fue abandonado porque se resquebrajó durante los trabajos de extracción de la cantera.

Los dos obeliscos del templo de Karnak se alzan desafiantes entre las ruinas, como intermediarios entre el Cielo y la Tierra.

cían las grúas? Y aún más: hay que pensar que esa operación habría que repetirla Nilo arriba, en el lugar donde se pretendiera desembarcar el obelisco y proceder después a erigirlo, lo que tampoco está nada claro cómo se pudo hacer.

Y sin embargo los egipcios lo hicieron. Por ejemplo, la reina Hatshepsut ordenó levantar dos obeliscos de granito rosa de Asuán en el templo de Karnak en honor de Amón. Toda la operación de talla, transporte y elevación duró siete meses, según cuentan los papiros.

Todo parece indicar, pues, que los egipcios disponían de una tecnología muy superior a la que se nos dice que poseían.

OBJETOS IMPOSIBLES

No se trata sólo de las grandes obras. Los egipcios elaboraron una serie de objetos cotidianos que, según la ciencia oficial, no podrían haber fabricado en el estado de desarrollo de su civilización.

Es el caso, por poner un ejemplo, de las copas talladas en el Imperio Antiguo –pero no en períodos posteriores– a partir de diorita, un material de dureza extraordinaria y al mismo tiempo de extrema fragilidad. Arqueólogos como el alemán Kurt Lange se han preguntado cómo fueron talladas esas copas que cuentan con surcos concéntricos en su superficie interior *«con la precisión que se obtendría con un torno ultramoderno»* y con unos rayados tan regulares y con tan ínfima distancia entre ellos *«que sólo pueden reconocerse con lupa y aún así usando una iluminación adecuada»*. No ha encontrado respuesta.

Otro ejemplo es, en la cultura de El Gerza en la época predinástica, el de numerosas vasijas de piedra de forma panzuda, boca estrecha y asas pequeñas, horadadas de forma que el vaciado interior mantiene una forma paralela a la curva exterior de la vasija. Algunas incluso con estrías concéntricas en su interior.

¿Cómo tallaron el interior de las copas de diorita y de las vasijas de piedra los antiguos egipcios? ¿Acaso disponían de máquinas similares a nuestros modernos tornos y fresadoras? ¿Y en ese caso con qué energía funcionaban?

García Micieces aporta otros ejemplos sin explicación a día de hoy, como el disco tallado en un bloque sólido de esquisto, encontrado en la tumba de un funcionario llamado Sabú que vivió en el 3100 antes de Cristo y que tiene la exacta forma de un ventilador o de una hélice propulsora, con un orificio central para colocar un eje y tres álabes de forma aerodinámica. Nadie sabe para qué servía pero más allá del misterio de su uso está el de su fabricación: el esquisto es un material que se rompe en láminas irregulares, lo que convierte esta obra en un prodigio asombroso de artesanía.

Y está por supuesto el problema de la iluminación: ¿con qué luz se alumbraron los artistas que trabajaron en el interior de templos, tumbas y pirámides, a menudo en corredores que se adentraban muchos metros dentro de la roca, incluso en pequeñas cámaras laterales, donde a día de hoy aún se conservan pinturas y jeroglíficos a todo color? No con antorchas ni lámparas de aceite, pues no se ha encontrado en ninguno de estos lugares el menor rastro del carbón de los humos que habría generado semejante sistema. Tampoco con láminas metálicas pulidas que, como espejos, reflejaran la luz del sol desde la puerta, porque esa pobre iluminación llegaría sólo a las cámaras exteriores.

Misterio sobre misterio.

¿Una leyenda blanqueada?

Pepi II, faraón de la VI dinastía, vivió en el siglo XXI antes de Cristo y fue el último gran rey del Imperio Antiguo, en un momento en el que los faraones estaban considerados seres prácticamente divinos que podían hacer y deshacer a su antojo. Su reinado fue uno de los más longevos, ya que llegó casi a los cien años de edad y por ello se conserva bastante información sobre él, en comparación con otros reyes egipcios.

No debió ser un tipo especialmente fácil de tratar: usaba pigmeos africanos como bufones de su corte, sometió sexualmente a hombres y mujeres les gustara o no a ellos y gobernó tan mal que llevó el país a la ruina. De hecho, el Imperio Antiguo apenas sobrevivió unos pocos años tras su muerte.

Tal vez la anécdota más conocida sobre su persona, que demuestra su indiferencia hacia la vida ajena y su brutal capacidad para humillar a los demás, fue el método tan eficaz y desalmado al mismo tiempo que desarrolló para evitar ser molestado por las moscas. Como no se contentaba con que se las espantaran con abanicos, se hacía acompañar de varios esclavos cuyos cuerpos habían sido empapados previamente con miel. De esta manera, las moscas no sólo le ignoraban a él para centrarse en un cebo más goloso sino que además se quedaban atrapadas en la piel untada y no llegaban a importunarle.

Pepi II es el prototipo del «malvado faraón» instalado en nuestra mente por las películas y refuerza esa imagen, tan recurrente como falsa, sobre la crueldad generalizada entre los egipcios. Cuántas veces hemos visto esas secuencias en las que un forzudo capataz, que por cierto suele lucir sin coherencia histórica alguna un tocado faraónico, azota con su látigo a los demacrados y castigados esclavos hebreos para que tiren esforzadamente de un gigantesco bloque de piedra...

Viendo esas imágenes, simpatizamos con Moisés, hebreo criado como príncipe egipcio que se rebeló ante la injusticia, abrazó la causa de su pueblo para liberarlo y, gracias al inmenso poder del dios tronante del Sinaí, amenazó al mismísimo faraón, invocó las diez plagas que arrasaron Egipto y consiguió liberar a los suyos para conducirlos en un épico éxodo que incluía partir en dos el Mar Rojo para atravesarlo a pie y, tras un largo deambular, plantarse ante la Tierra Prometida. No sólo lo hemos visto en el cine, en los libros y en los comics sino que tanto los sacerdotes como los rabinos repiten regularmente esta historia en sus prédicas..., aunque lo cierto es que pocas personas se han tomado la molestia de leer directamente el relato veterotestamentario y, aún menos, han podido leerlo en su idioma original.

Hoy sabemos que no todos los faraones eran como Pepi II y mucho menos la mayoría de los egipcios. También sabemos que quienes construyeron aquellas obras no eran esclavos, sino trabajadores que recibían un sueldo por ello y que, en su inmensa mayoría, tampoco eran hebreos. Y que esos pesados bloques de piedra no pudieron transportarse de esa manera, aunque aún no tengamos claro cómo se hizo en realidad porque desconocemos muchos de los secretos técnicos de los egipcios.

Incluso sabemos que el relato bíblico del éxodo está bien como historia inspiradora para los niños y adultos sin excesiva formación pero que, bien mirado, tiene demasiados elementos fantásticos y, además, no existe ningún documento de la época que lo ratifique, siendo como fue, si hubiera sido real, un momento tan dramático de la antigüedad y, por tanto, merecedor de pasar a los anales históricos.

Ahora bien, ¿y si realmente sucedió pero no exactamente como nos lo han contado?

El periodista del *New York Times* y cineasta israelocanadiense Simcha Jacobovici estrenó en 2006 un interesante y hoy silenciado documental producido por James Cameron titulado *El Éxodo descifrado*. Su tesis de fondo, desarrollada a partir de varios hallazgos arqueológicos concretos, es que en realidad sí existe constancia de la marcha del pueblo hebreo de Egipto, sólo que su versión es muy diferente a la que todos conocemos.

En su opinión, los hebreos fueron los hicsos, un pueblo como sabemos mucho menos pacífico de lo que relatan las historias bíblicas, y su partida hacia la tierra de Canaán no fue una liberación del yugo egipcio sino, al revés, la expulsión hacia el año 1500 antes de Cristo y por la fuerza de las armas del yugo que los hebreos/hicsos habían impuesto sobre los egipcios durante más de cien años.

No es una hipótesis tan sorprendente cuando uno lee en la Biblia cómo se comportó Josué, el comandante militar de los israelitas y sucesor de Moisés, durante la conquista de Canaán. Allí sus guerreros destruyeron de forma implacable todas las ciudades que encontraron a su paso y, como reza la Biblia, «*todo lo que tenía vida fue exterminado, como el dios de Israel se lo había mandado*» y no hubo piedad ni siquiera con las mujeres y los niños. No resulta muy creíble que un pueblo de esclavos, desarmado y huyendo de los egipcios tuviera, tras cuarenta años de deambular por el desierto, la capacidad de aniquilar con relativa facilidad a las poblaciones de amalecitas, amorreos, cananeos y el resto de habitantes de la «tierra prometida» arrasando cuanto encontraron hasta conquistar toda la zona.

De ello se colige que la historia bíblica podría haber sido confeccionada mucho más tarde para ocultar la derrota que los había expulsado de Egipto, donde los hicsos/hebreos se habían comportado más como señores que como esclavos.

Para defender este sorprendente punto de vista, Jacobovici presenta sucesivas evidencias, incluyendo la conocida como Estela de las Tormentas del faraón Amosis –el que habría expulsado a Moisés y los suyos–, el papiro de Ipuwer o un sello descubierto en Avaris –la capital de los hicsos– que podría haber pertenecido al Jacob bíblico, entre otras. Respecto a las plagas enviadas supuestamente por el dios judío, para explicarlas recurre a una serie de terremotos en la falla norteafricana que además habría provocado la brutal erupción del volcán de Tera, en la isla griega de Santorini, una de las mayores explosiones volcánicas conocidas históricamente.

DIEZ PLAGAS, UN SOLO ORIGEN

En la Biblia se cuenta cómo las plagas suceden una tras otra de manera independiente pero para Jacobovici todo sucedió en un período más breve de tiempo y de forma concatenada.

Los terremotos asociados a la erupción volcánica habrían provocado la liberación de gases subterráneos con alto contenido en hierro. Este material tiñó el agua del Nilo de rojo como si fuera sangre pero además la envenenó. Eso provocó la muerte de todos los peces mientras que las ranas huyeron para salvarse e invadieron las poblaciones. Mosquitos, moscas y langostas fueron atraídos por la descomposición de las especies fluviales. La contaminación de las aguas propició la peste del ganado y las enfermedades ulcerosas de los egipcios, mientras que las tinieblas y la lluvia de fuego y granizo están realacionadas con el material expulsado por el volcán de Santorini. La última plaga, la muerte de los primogénitos de Egipto durante la noche, parece la más forzada puesto que se achaca al dióxido de carbono inspirado en estancias cerradas en la planta baja de las casas… Por cierto, el hijo del faraón Amosis también murió joven.

Aunque parezca increíble, una secuencia similar de desastres, incluyendo la muerte de un elevado número de personas durante la noche víctimas también del dióxido de carbono, sucedió en África en tiempos recientes. Y no una sino dos veces: en 1984 y en 1986 en dos lagos de Camerún. Las poblaciones de la región sufrieron idénticas plagas a raíz de esa liberación de gases en las aguas.

Pedro Pablo G. May

Jacobovici también explica el supuesto «milagro» de la apertura del Mar Rojo para que los israelitas pudieran escapar del ejército enviado por un faraón egipcio arrepentido por haberles dejado salir de su país. Y la explicación es tan sencilla como coherente.

Para empezar, lo que dice la Biblia –la versión hebrea– en una veintena de citas es que Moisés y los suyos atravesaron *Yam Suf*, es decir, el *Mar de los Juncos*, no el Mar Rojo, que es como se traduce habitualmente esta expresión por un error de traducción al inglés desde el siglo XVI.

Como sabemos, los juncos no crecen en aguas salobres, sino dulces..., así que el cineasta finalmente localiza el punto concreto donde estuvo este «mar» hasta mediados del siglo XIX, cuando fue desecado tras la construcción del Canal de Suez. Se trata de una gran masa de agua, un lago cerca de la costa del delta que los egipcios llamaban *Pa Tufi*, que significa *el cañaveral* o *la marisma*, siendo así que el término egipcio *Tuf*, equivalente al *Suf* hebreo, significa *junco*. Es aquí donde, por efecto de uno de los terremotos que destruyó Santorini, el nivel del agua habría descendido lo suficiente como para que los judíos pudieran atravesarlo y, una vez a salvo en tierra alta, contemplaran la llegada de los egipcios y cómo éstos eran tragados por uno de los tsunamis que penetró tierra adentro también por culpa de los movimientos sísmicos.

Jacobovici precisa que este lugar se llama a día de hoy *El Balah*, que en hebreo significa *Dios devoró*.

Y recordemos que el faraón del que huían los israelitas se llamaba Amosis, que en hebreo se traduce como *Hermano de Moisés*.

Las maldiciones

La magia ha acompañado al ser humano desde el principio de los tiempos y sigue haciéndolo incluso en la época del *smartphone* y la realidad virtual, porque como explicamos en otro lugar la verdadera magia nada tiene que ver con lo sobrenatural ni tampoco con las creencias supersticiosas sino con la aplicación de leyes en general desconocidas que pueden ser utilizadas de una forma o de otra, igual que un cuchillo es en sí mismo un objeto neutro con el cual podemos cortar jamón o apuñalar a una persona.

Los antiguos textos egipcios que han llegado hasta nosotros, incluyendo por supuesto las enseñanzas de Hermes Trismegisto, re-

En el Valle de los Reyes fueron enterrados la mayoría de los faraones del Imperio Nuevo, incluyendo a Amenhotep III, Ajenaton, Tutanjamon, Ramsés II y Seti I, entre otros.

zuman magia, simbolismo y misterio, por lo que han sido sistemáticamente utilizados, la mayor parte de las veces tergiversando su sentido, en la industria del entretenimiento por incontables autores en diversos formatos.

La supervivencia tras la muerte –convirtiendo a la momia en uno de los monstruos «clásicos» junto a Drácula, el hombre lobo y el monstruo de Frankenstein– y las maldiciones han sido dos de las materias principales utilizadas en las obras de ficción. Y, dentro del apartado de los maleficios, el de Tutanjamon es sin duda el más popular.

El arqueólogo británico Howard Carter, financiado por el aristócrata Lord Carnarvon, dirigió la misión que descubrió la sepultura real de este faraón de la dinastía XVIII en noviembre de 1922 en el Valle de los Reyes. El hallazgo fue espectacular e hizo famosos a ambos hombres a nivel mundial, no sólo por los tres ataúdes del faraón –el primero, confeccionado de madera cubierta de oro; el segundo, decorado con piedras preciosas; el tercero, de oro puro, además de la máscara, las joyas y los amuletos-,

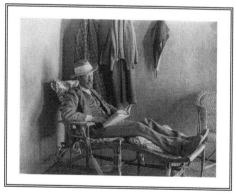

Según sus biógrafos, Howard Carter era un hombre de carácter difícil, introvertido y solitario, pero también con una gran intuición, dotes artísticas y una enorme capacidad de trabajo.

sino por la cantidad de, según las propias palabras de Carter, «cosas maravillosas» que albergaba: túnicas, ánforas de vino, divanes, cofres, un trono, un carro, armas, juegos de mesa, cetros, estatuas de dioses...

Howard Carter examina el sarcófago más pequeño de Tutanjamon con un asistente egipcio a los pocos meses de su hallazgo.

La tumba de Tutanjamon, como la de otros faraones, estaba en teoría protegida no sólo por las toneladas de tierra bajo las que se ocultaba, sino por la magia, expresada en forma de maldiciones hacia quien se atreviera a perturbar su sueño funerario. Así lo advertía un sello según el cual «la muerte atacará con su terror a todo aquél que turbe el reposo del faraón».

Y atacó. Pocos meses después de la apertura de la tumba, un mosquito picó a Lord Carnarvon, que vivía en Egipto. Poco después, se cortó la picadura mientras se afeitaba y ello derivó en una septicemia y, posteriormente, una neumonía. Murió la noche del 5 de abril y según la leyenda en ese mismo momento un apagón para el que nunca se dio una explicación concreta dejó a oscuras la ciudad de El Cairo.

A partir de entonces empezaron a morir diversas personas relacionadas con la exhumación del faraón: Audrey Herbert, hermano del aristócrata y presente en la apertura de la cámara real, murió también de septicemia nada más regresar a Londres. Arthur Mace, que había dado el último golpe para derribar el muro y acceder a la cámara funeraria, falleció también en El Cairo sin razón médica concreta. Sir Douglas Reid, que radiografió la momia, enfermó y tras viajar a Suiza falleció dos meses después. La secretaria de Howard Carter sufrió un ataque al corazón y su padre se suicidó al conocer su muerte. Un investigador canadiense que examinó la tumba junto a Carter murió de un ataque cerebral al regresar a El Cairo...

A principios de los años treinta, la prensa británica atribuía una treintena de muertes a la maldición, que paradójicamente no afectó al principal responsable de la misión: el propio Carter. Cuando se le preguntaba por ello, se negaba a aceptar la existencia de maldición alguna y en una entrevista llegó a afirmar que las historias de maldiciones son una degeneración actualizada de las trasnochadas leyendas de fantasmas». Murió en marzo de 1939 en su piso de Londres, cuando un linfoma acabó con su vida, a los 64 años de edad.

Siendo ésta la más famosa, no es la única maldición atribuida al Antiguo Egipto. Por citar otra también bastante conocida, en el Museo Británico en Londres se exhibe todavía la tapa de un sarcófago que se cree, aunque no está certificado, que fue utilizada en el enterramiento de una sacerdotisa de Amón Ra, si bien algunos estudiosos han planteado que tal vez fuera una princesa, y que se conoce como «la momia de la mala suerte».

En realidad, no hay momia, ni tampoco el resto del ataúd: sólo esta cubierta que mide algo más de un metro sesenta, está pintada con colores vivos y muestra las manos de la sacerdotisa de forma extraña: están situadas horizontalmente sobre el pecho con las palmas hacia fuera.

Su historia es fascinante y sobre ella escribieron grandes nombres de la literatura británica desde Henry Rider Haggard hasta William Butler Yeats pasando por Arthur Conan Doyle o Henry Stanley, amigo del que fuera su primer propietario: el viajero Thomas Douglas Murray. Algunas de las informaciones en torno a ella están contrastadas y otras, en absoluto.

Según la leyenda, en su cabeza había un amuleto que decía: «Despierta de tu postración y el rayo de tus ojos aniquilará a todos cuantos quieran apoderarse de ti». Murray, que viajó a Egipto en compañía de varios conocidos, la compró en Tebas entre 1860 y 1870 a unos ladrones de tumbas. Ahí comenzaron las desgracias: uno de sus compañeros se perdió en el desierto, otro se quedó sin un brazo por un disparo accidental y, ya de regreso a Inglaterra, un tercer viajero se arruinó mientras que un cuarto contrajo una grave enfermedad.

Entonces Murray cedió la tapa a la hermana de uno de sus amigos de desventuras y la mala suerte empezó a cebarse también en los habitantes de la casa donde la guardaron. En 1889, la mujer, influida por la opinión de la teósofa Helena Blavatsky, que dijo ver una «influencia maléfica» en el objeto, decidió donarlo al Museo Británico, donde se le atribuyeron diversas desgracias: desde caídas accidentales de turistas que no mostraban el debido respeto a la sacerdotisa hasta la muerte del fotógrafo que quiso inmortalizarla, así como la de un periodista que murió de unas fiebres después de divulgar los supuestos secretos de sus jeroglíficos. Pero aún hay más…

El periodista, editor y espiritista William Thomas Stead, que en abril de 1912 viajaba a bordo del *Titanic*, y que por cierto no sobrevivió al hundimiento, reveló en una conversación con varios viajeros que la «momia» había sido comprada por un multimillonario norteamericano y viajaba a bordo del transatlántico. Stead mostró sus temores de que pudiera causar problemas en el viaje, habida cuenta su siniestro historial. De más está decir que cuando el *Titanic* fue tragado por las aguas más de uno le echó la culpa de la catástrofe. Casi de forma increíble, y al ser de madera, el objeto logró salir a flote y fue recuperado durante las labores de salvamento pero el barco que la llevaba de vuelta a Londres, el *Empress of Ireland*, también se hundió. Recogida de nuevo de las aguas, la «momia» logró regresar a suelo británico y poco después fue regalada al Káiser Guillermo en Alemania…, y al poco tiempo comenzó la Primera Guerra Mundial.

Finalmente, volvió al Museo Británico. O quizá nunca llegó a salir de él, como aseguran los conservadores actuales. En todo caso, en 1921 el diario *The Times* publicó un artículo advirtiendo sobre «la virulenta naturaleza de la princesa» y explicando que aquel que se cruzaba en su camino se exponía a lo peor. Y aún hay quien cree que por las noches alguno de los cuerpos sutiles de la «momia» vagan por las salas del museo…

Lucio Apuleyo, probablemente el autor romano más famoso del siglo II después de Cristo gracias a su conocida obra *El asno de oro*, viajó por varios países, incluyendo Egipto. Allí fue iniciado en los misterios de Isis y adquirió sabiduría filosófica y, a decir de algunas fuentes, incluso algunos poderes mágicos.

Dejó escritas estas melancólicas palabras: «¡Oh, Egipto, Egipto…! De tu sabiduría solo quedarán fábulas que a las generaciones venideras les parecerán imposibles.»

Un amargo final y una restauración

En el *Asklepio*, uno de los textos más estudiados del Hermetismo, hay una alocución directa de Hermes a su discípulo en el que advierte acerca de los sombríos tiempos del futuro, que vienen a ser nuestro propio presente. Dice así:

«¿Acaso no sabes, Asklepio, que Egipto es una imagen del cielo o, por hablar con mayor claridad, que en Egipto todas las operaciones de los poderes que gobiernan el Cielo y obran en él han sido transferidas abajo a la Tierra? (...) no debes ser dejado en la ignorancia de esto: vendrá un tiempo en el que se verá que en vano han honrado los egipcios a la deidad con piedad sincera y servicio asiduo. Y toda nuestra santa adoración será estimada necia e ineficaz. Los dioses volverán de la Tierra al cielo, Egipto será abandonado y la tierra que en un tiempo fuera el hogar de la religión quedará desolada, privada de la presencia de sus deidades. Esta tierra y región se llenará de extranjeros que descuidarán el servicio de los dioses (...) esta tierra que una vez fue santa, que amaba a los dioses, y la única en la que como recompensa por su devoción se dignaron los dioses tomar morada terrenal, esta tierra que fue la instructora de la humanidad en la santidad y la piedad, esta tierra irá más lejos que ninguna en actos crueles. (...)

Y en esos días, los hombres estará cansados de la vida y dejarán de considerar al universo digno de reverente asombro y de adoración. Y así la religión, la más grande de todas las bendiciones, pues nada hay ni ha habido ni habrá nunca que pueda estimarse un don mayor, se verá amenazada de destrucción: los hombres la considerarán una carga y vendrán a escarnecerla. Ya no amarán este mundo que nos rodea, esta obra incomparable de Dios, esta gloriosa estructura que edificó (...)

La oscuridad será preferida a la luz y la muerte se considerará más provechosa que la vida. Nadie alzará sus ojos al cielo. El piadoso será considerado demente y el impío, sabio. El loco será tenido por un hombre valiente y los perversos, por buenas personas. En cuanto al alma y la creencia de que es inmortal por naturaleza o que al menos podemos tener la esperanza de alcanzar la inmortalidad como yo te he enseñado..., de todo esto se mofarán e incluso se persuadirán de que es falso (...) los dioses se alejarán de la humanidad: ¡algo lamentable! Y sólo los ángeles malvados permanecerán, mezclándose con los hombres y conduciendo a estos pobres desgraciados por su fuerza a toda suerte de crímenes imprudentes, a guerras, robos, fraudes y todas las cosas hostiles a la naturaleza del alma. (…)

De esta manera finalizará en el mundo la vieja era. La religión ya no existirá, todas las cosas estarán desordenadas y estropeadas. Todo bien desaparecerá.»

Pero Hermes conoce la existencia de los ciclos: todo lo que empieza ha de terminar y todo lo que termina no es sino para que comience algo nuevo. Por ello, añade estas palabras, que sirven como augurio para toda la humanidad, especialmente para aquéllos que puedan cometer actos malvados sin, aparentemente, ser reprendidos por ello:

«Dios contemplará lo que ha venido a suceder y detendrá el desorden por el contraoperar de su voluntad, que es el bien. Llamará de vuelta al sendero correcto a aquéllos que se han descarriado. Limpiará el mundo del mal: lavándolo con inundaciones de agua, quemándolo con el fuego más fiero o expeliéndolo por medio de la guerra y la pestilencia. Y así devolverá el mundo a su anterior aspecto, de modo que el Cosmos será una vez más considerado digno de adoración y

de maravillada reverencia. Y Dios, hacedor y restaurador de este poderoso tejido, será adorado por los hombres de ese día con himnos incesantes de alabanza y bendición. Tal será el nuevo nacimiento del Cosmos, un hacer de nuevo todas las cosas buenas, una restauración sagrada y digna de temor de toda la naturaleza. Y es obrada en el proceso del tiempo por la voluntad eterna de Dios.»

Y entonces, en medio de un nuevo caos, una nueva ave Bennu graznará sobre una nueva colina solitaria. Y un nuevo mundo comenzará.

CAPÍTULO 5

DICCIONARIO DE MITOLOGÍA EGIPCIA

(Los términos que aparecen en negrita en cada definición hacen referencia a la existencia de una entrada específica dedicada en este mismo diccionario.)

AAH.- O Iah o Yah, es un dios de la Luna, que es lo que significa su nombre. Su representación es similar a la de Jonsu, con quien terminó siendo identificado como un aspecto adulto de esta deidad. También relacionado con Osiris, dios de la resurrección y el Más Allá, debido al ciclo mensual lunar en el cual este cuerpo celeste parece menguar hasta morir para luego renacer y crecer hasta conseguir su máximo esplendor y volver a repetir las mismas fases una y otra vez.

AARU.- O Yaar o Yalu. El paraíso de Osiris, donde reina este dios y donde viven también otras deidades además de los seres humanos que se han hecho merecedores de este honor por su comportamiento durante su vida. Se le describe como una campiña fértil y muy agradable, pero también como una marisma parecida a la del delta del Nilo, con abundante caza y pesca. En algunos textos se le llama también *Sejet Hetep* o *Campo de las Ofrendas*.

AKER.- Dios del horizonte y la corteza terrestre –no confundir con Geb, que representa la superficie fértil-, además de guardián de las dos puertas de la Duat, las cuales abre para que la barca solar de Ra transite desde la Tierra al inframundo. Protector de la familia y del hogar a los que su presencia evita la de espíritus malignos y demonios, cuenta con la asistencia de los *akeru*: un puñado de genios terrestres con forma de serpientes que le ayudan en sus tareas.

Su representación es particularmente chocante ya que aparece como una franja de tierra con cabeza humana y brazos. También se le puede encontrar como la misma franja pero con un disco solar encima y dos leones sentados que se dan la espalda en representación de las dos puertas. Los leones se llaman *Sef* (Ayer) y *Duau* (Hoy).

AMENTI.- O Ament o Imentet. Diosa de los muertos, aunque su nombre también ha servido para identificar el inframundo egipcio, igualmente conocido como Duat. Inicialmente una diosa menor relacionada con la fertilidad, Amenti es la esposa de Aken, una deidad que guía a Ra a través de las regiones infernales. Recibe el título de *Dama de Occidente* puesto que este lugar del mundo es el relacionado con el Más Allá en las antiguas creencias egipcias, al «morir» también por allí el Sol.

Vive en un árbol al lado del desierto, junto a la misma entrada de la Duat. Su labor principal consiste en acoger allí a los recién fallecidos, confortándoles ante lo que les espera y ofreciéndoles incluso alimento y bebida. Con el tiempo, Osiris pasó a convertirse en el dios más poderoso de estas regiones sombrías y el nombre de Amenti fue asociado como título específico de la diosa Hathor, a la hora de invocar a ésta en los rituales mortuorios.

ABIOU.- Un genio malvado con cabeza de chacal.

AMENEBIS.- Divinidad femenina que simboliza la fecundidad de la Naturaleza, probablemente una derivación de Amón.

AMMIT.- O Amemet, es la *Devoradora de los muertos* y la *Comedora de corazones*: una bestia con cabeza de cocodrilo, melena, torso y patas delanteras de león y patas traseras de hipopótamo, que se encarga de aquéllos que no superan el pesaje en la balanza durante el juicio de Osiris. En sus garras, el condenado sufre la denominada Segunda Muerte, que implica perder su inmortalidad y desaparecer definitivamente del Universo.

AMÓN.- O Ammón o Amen o Amún, este dios originario de Tebas y cuya influencia alcanzó a todo el Antiguo Egipto está considerado en sus textos como rey de los dioses: los griegos lo identificarían con Zeus y los romanos, con Júpiter. Puede asimismo definir al dios único o, al menos, a la divinidad asociada inicialmente con el espíritu del Sol o Ra, por lo que también se le conoce como Amón Ra. Su nombre significa *El Misterioso*, *El Oculto* o *El muy Secreto* y entre otros títulos recibe los de *El más grande de los Dioses*, *El Maestro de las Esferas Ocultas*, *El Director del Universo* y *El Espíritu Inmortal* que todo lo penetra, lo vivifica y lo abarca. Deidad suprema del panteón egipcio, su energía es esencialmente masculina y de hecho se le representa como un hombre con dos cuernos de carnero sobre sus orejas –los cuernos son símbolo tradicional de conocimiento y sabiduría– y dos plumas de avestruz sobre su frente –símbolo de la verdad–, empuñando el cetro –símbolo de poder– y el anj –la llave de la vida–. Forma la tríada divina más importante de los himnos egipcios, junto con Ptah y Ra, pero también integra otra en la que participa con Ptah y Osiris.

La corrupción del sacerdocio amonita, que llegó a poseer el poder por encima de la realeza, fue combatida por Amenofis IV o Ajenaton, quien impuso el culto solar alternativo a Atón, otro símbolo solar. No está claro hasta qué punto Amón y Atón eran dioses diferentes o el segundo era una «versión purificada» del primero. A la caída del llamado «faraón herético», los sacerdotes de Amón recuperaron el poder y restablecieron su culto.

El templo más antiguo levantado en su honor fue sustituido por el espectacular complejo religioso de Karnak que, aun en ruinas, ha logrado llegar hasta nosotros a diferencia de otros centros religiosos a él dedicados, como el monumental templo que Amenofis III hizo levantar en la llanura frente a la ciudad, en un lugar donde a día de hoy, aparte de algunos restos menores, sólo quedan en pie dos grandes estatuas de importancia: dos representaciones sentadas de Amenofis III denominadas los Colosos de Memnón, cuyo nombre hace referencia a un rey etíope que formó en las filas del rey Príamo para defender Troya del sitio de los aqueos según la explicación formal, pero también podría ser una corrupción griega del propio nombre de Ammón.

También es conocido el templo que tenía en el oasis de Siwa, donde Alejandro Magno consultó su oráculo como antes otros viajeros griegos y donde el caudillo macedonio fue iniciado en los Misterios ya que, a partir de entonces, la moneda acuñada con su imagen le representaba con los dos cuernos característicos del dios. Este templo quiso ser arrasado o al menos conquistado por el rey persa Cambises II, hijo de Ciro II el Grande, que acababa de hacerse con el poder en Egipto tras derrotar al ejército del faraón Psamético III. De acuerdo con el relato del griego Heródoto, Cambises II envió 50.000 soldados con esa misión pero el ejército entero fue tragado por el desierto aún no se sabe muy bien cómo, si bien los creyentes atribuyeron la hazaña a la ira de Amón.

La compañera de este dios es Mut, hija de Ra. Durante el Imperio Nuevo, la esposa del faraón ejercía a menudo como esposa del dios Amón en las ceremonias religiosas. Más adelante, sobre todo durante la época de los reyes libios en el tercer período intermedio, fue la hija del faraón la consagrada a esta tarea con el título de *la Mano del Dios*. Ella y un grupo de acompañantes conocidas como *las concubinas de Amón* debían conservarse vírgenes para dedicarse a la divinidad con música y danzas. La hija del faraón adquiría así un importante papel espiritual, además de disponer de palacio particular, con servidumbre y tierras propias. Aunque el astro rey ha sido relacionado sistemáticamente en otras mitologías con nuestro satélite, convirtiendo al Sol y la Luna en pareja, en este caso el vínculo lunar viene dado por vía filial, puesto que el hijo de Amón es Jonsu, dios de la Luna. Junto a Mut y Jonsu, Amon encabeza la trinidad tebana.

La imposición progresiva del judeocristianismo en el Mediterráneo relegó a los antiguos dioses y los condenó en calidad de demonios, como sucedió con el semita Baal, que significa *Señor*, y pasó a adornar todo tipo de nombres diabólicos, desde Baal Zebub o Belcebú hasta Baal Fagor o Belfegor pasando por el más obvio Bael o Buel. Así, Amón fue relacionado con Mendes, una divinidad de la zona del Delta del Nilo, donde el carnero era el animal sagrado del culto. Siendo uno de los grandes dioses de la antigüedad, provisto de cuernos y con ceremonias que implicaban la presencia de ganado caprino, a pesar de su marcado carácter solar, luminoso y vital, se convirtió en víctima propiciatoria del fanatismo, que lo relegó a las estancias infernales de su propio imaginario e, irónicamente, llegó a identificarlo con Satanás. Otro de sus animales consagrados era la oca, un ave que también está relacionada con la divinidad en otras culturas y que tal vez por esa razón según algunas hipótesis habría inspirado la primera versión del popular juego de la oca, muy anterior a su origen aceptado a día de hoy que no va más allá del siglo XVI.

AMSET.- O Imsety o Mesti, es uno de los cuatro genios funerarios, junto con Duamutef, Gebehsenuf y Hapi, encargados de cuidar de las vísceras embalsamadas y momificadas de los difuntos, guardadas en sus tumbas. Las entrañas se introducen en los llamados vasos canopes o canopos: en cada uno de ellos se custodia un órgano diferente, protegido por uno de los genios. La cabeza esculpida de cada genio sirve de tapa al recipiente. Amset es el responsable de proteger el hígado, que reposa en el vaso colocado al sur y su cabeza es la única humana. La diosa Isis es su protectora.

ANHUR.- En griego, Onuris. Dios de algunas ciudades en el delta del Nilo, identificado en ocasiones con Shu y apodado *El Salvador* y *El Guerrero* por su capacidad para ahuyentar la amenaza de animales dañinos y de enemigos.

ANUBIS.- El dios titular de la ciudad de Cinópolis -literalmente *la Ciudad del Perro* en griego- tiene cuerpo humano y cabeza de chacal o, en algunas representaciones, de perro. Su popularidad se debe a su función pues, junto con Thoth, es una de las divinidades clave en el juicio del alma del difunto, en calidad de fiscal del Amenti. Es por ello por lo que posee títulos como *Señor de la Necrópolis*, *El Embalsamador* o *El Guardián de las tumbas*, entre otros.

Su linaje es confuso, pues según algunos textos es hermano de Osiris; según otros, hijo de este dios y Neftis; y aún hay algunos en los que aparece como hijo de Ra.

ANUKE.- O Anuket o, en griego, Anukis. *La Abrazadora,* como se la conoce por ser la divinidad de la lujuria, es considerada de origen nubio y está relacionada con el agua dulce y el Nilo. Fue adorada sobre todo en la zona de las cataratas de Asuán y la isla de Sehel. Se la representa con un peculiar tocado alto y cilíndrico, probablemente de plumas, poco habitual en Egipto. Con Jnum y Satis, forma la tríada divina de la isla Elefantina, a veces como hija de estos dioses, a veces como hermana de Satis. Más tarde fue asimilada a otras diosas como Isis o Neftis.

APEP.- Ver APOFIS.

APIS.- El dios toro o dios buey, venerado inicialmente en Menfis como deidad asociada con la fertilidad de los rebaños y relacionada con Osiris. Su nombre egipcio original es Hap o Hepu. Su forma vacuna se debe a que su madre, Isis, fue fecundada por un rayo de Sol cuando adoptaba la forma de una vaca. Aunque venerado en todo Egipto, su templo principal estaba en Menfis donde era muy popular porque muchos egipcios acudían a consultar el oráculo del ejemplar sagrado que vivía allí durante veinticinco años.

Si superaba esa edad, era ahogado ritualmente en el Nilo. Tanto si moría por esta razón o por una causa diferente, era enterrado con gran ceremonia tras un luto de sesenta días en el curso del cual era embalsamado. Después, los sacerdotes buscaban un sucesor, que se suponía era el mismo Apis pero dentro del cuerpo de otra res que, según la leyenda, habría nacido de una vaca virgen preñada por un rayo de luna o por un relámpago: en realidad, una forma adoptada por el dios Ptah. El nuevo animal debía cumplir una serie de características físicas para ser conducido a su nueva vida en el templo: tenía que mostrar una mancha triangular y blanca en la frente, otra con la figura de un buitre o de un águila con las alas desplegadas sobre la espalda, una tercera en forma de creciente lunar en su flanco derecho y la última, con la del escarabajo, en la lengua.

Además de Apis, existían otras tres divinidades similares, consideradas como toros o bueyes sagrados: Mneuis, Buchis y Onufis.

Ptolomeo I Sóter, el diádoco macedonio de Alejandro Magno que se apropió del gobierno de Egipto e inició la dinastía de los ptolomeos que helenizarían el país durante tres siglos, utilizó una versión híbrida del dios Apis a la que llamó Serapis. Su culto estaba en Racotis –el nombre original de Alejandría antes de que el conquistador macedonio la rebautizara- al que declaró dios oficial tanto en Egipto como en Grecia. Fue un movimiento político afortunado para hermanar a ambos pueblos desde el punto de vista cultural y también el religioso.

La estatua de Serapis no es zoomorfa: representa a un hombre barbado con los atributos de Hades, asimilado a Osiris, incluyendo al can Cerbero, guardián de los infiernos. Esta figura fue colocada en el Serapeum o Serapeo, el templo que construyó Ptolomeo en Alejandría y que con el tiempo adquiriría dimensiones de monumental santuario. De esta forma, su veneración sobrevivió en Grecia y posteriormente en Roma, llegando mucho más allá en el tiempo que la mayoría de los dioses egipcios. De hecho, perduró hasta que los judeocristianos destruyeron el Serapeo y el emperador Teodosio I prohibió definitivamente su culto a finales del siglo IV después de Cristo.

APOFIS.- Su nombre egipcio original es Apep y es la representación de la maldad, la oscuridad y el caos: un demonio inmortal e indestructible que adopta la forma de una serpiente gigantesca –y por ello se le califica despreciativamente como Nepai: *El que es como un intestino*– con la cual amenaza el mismo mantenimiento del orden universal.

Cada noche se interpone en el camino de la barca de Ra y la ataca o bien sabotea su viaje de diversas formas en un intento repetido de impedir la resurrección diaria del Sol. Cuando ocurría un eclipse, se decía que Apofis había tenido un éxito parcial, aunque la intervención de los dioses permitía al final recuperar la luz del astro rey. Incluso enemigos jurados como Horus y Seth se alían puntualmente para luchar contra Apofis pero, aún cuando a veces logran matarla y cortarla en pedazos, la gran serpiente del mal se recompone y reaparece a la noche siguiente.

De acuerdo con los textos del templo de Esna, Apofis nació de un escupitajo que la diosa Neith lanzó sobre las aguas primordiales. Algunos estudiosos creen que en realidad este demonio no es sino la versión egipcia de la monstruosa Tiamat, derrotada por el dios Marduk y encadenada en el Abismo, según la tradición babilónica.

ATÓN.- El disco solar divinizado, el cuerpo físico del espíritu del Sol que se manifiesta así en el plano material. Su nombre, que en egipcio es Aten, significa *El que es Todo* o *El que está completo* y se le representa como un disco cuyos rayos terminan en manos extendidas o sujetando cada una de ellas un anj.

Su veneración data del Imperio antiguo pero fue impuesta radicalmente en forma de culto único durante el Imperio Nuevo por Amenofis IV tras cambiar éste su nombre por el de Ajenaton. La creencia atonista es de difícil comprensión para las gentes sencillas por su carácter metafísico y absolutamente monoteísta basado en el amor, la bondad y la paz para todos los hombres, no sólo para los egipcios, motivo por el cual no prosperó como le hubiera gustado al faraón en unos tiempos en los que la amenaza de las incursiones hititas no parecía el mejor acicate para promover la hermandad mundial.

Ajenaton construyó un templo en su honor dentro del complejo de Karnak, pero los enfrentamientos con el sacerdocio de otras deidades y en especial con los poderosos hierofantes de Amón le llevaron a levantar una ciudad entera de la nada para establecer allí la adoración oficial y también su corte y la capitalidad de Egipto. La nueva urbe fue construida en muy poco tiempo, a medio camino de las dos principales ciudades del país, Tebas y Menfis, y bautizada como Ajetatón, que significa *el horizonte de Atón*.

Fue destruida con la misma rapidez tras la muerte del faraón, cuando los sacerdotes de Amón recuperaron el poder y declararon herético el culto de Atón. Hoy, el lugar se llama Tell El Amarna. Por ello algunos autores hablan de «la herejía de Amarna» para referirse al período histórico de Ajenaton.

ATUM.- Dios solar primitivo de Heliópolis aunque fue venerado en otras ciudades: no confundir con Atón. Su nombre egipcio era Itemu que significa *el que existe por Sí mismo*, ya que se pensaba que había surgido del caos de Nun, el dios océano primordial, creándose a sí mismo al emerger del interior de la flor de un loto. También ha sido identificado como *Neter, el único Dios*, del cual todos los demás no son sino distintos aspectos o *neteru*.

Entre sus títulos, están los de *el Perfecto* y *el del fin del Universo*. A través del poder y la conciencia de Atum, Ra puede dar forma a los demás dioses, empezando por Shu y Tefnut y, a partir de ellos, los demás integrantes de la conocida como Enéada heliopolitana. Más tarde, Atum fue identificado con el propio Ra y se le adjudicó el papel del Sol poniente y dios de la penitencia. Su animal sagrado era un toro negro llamado Merur, que los griegos conocieron como Mneuis. Atum es el primero de los dioses egipcios representado con cuerpo humano y portando además la doble corona de Egipto.

BAAL-TSEFON.- También conocido como *El Centinela*, ubicado en algún lugar de la frontera oriental de Egipto cerca del Golfo de Suez. Más que probablemente se trata de una deidad importada de alguna tribu semita, cuyo nombre parece significar *Señor del Norte* o *Señor del Invierno*.

BABA.- Deidad de funciones similares a las de Amenti pero de carácter masculino. Es violento y libertino, con mala reputación entre el resto de los dioses. Controla el acceso a la Duat y se le considera guardián del Lago de la Llama que encuentran los difuntos en su camino después de la vida. Simboliza el vigor sexual y los hombres se encomendaban a él si querían obtener potencia sexual en su nuevo estado. Su nariz gotea sangre y de ella nacen los cedros. Se le muestra como un mono babuino de orejas rojas y nalgas violáceas pero también como un perro pelirrojo, con el falo erecto. Sus servidores personales eran 77 perros.

BASTET.- O Bast, a la que se rendía culto inicialmente en el delta del Nilo, en la ciudad de Bubastis –donde numerosos gatos fueron momificados en su honor–, llegó a ser una de las diosas principales de todo Egipto cuando su ciudad natal se alzó como capital en tiempos del faraón de origen libio Sheshonq. Su popularidad se demuestra en la existencia de necrópolis felinas similares en otras urbes como Tebas, Sakkara o Tanis. Estos animales eran muy apreciados no sólo por su utilidad en la lucha contra los roedores que amenazaban con devorar las provisiones y en especial los cereales almacenados en los grandes silos de las ciudades para las épocas menos propicias, sino por su estética y por su capacidad mágica para ver seres de otros planos de la existencia.

Identificada a menudo con Sirio, estrella de especial importancia para el calendario agrícola, la diosa se representa bien con forma de gato directamente, bien como una mujer con cabeza de gato portando a menudo un anj y un sistro, a veces con una cesta colgando del brazo.

Protectora de los templos pero sobre todo de los hogares, ya que cuida especialmente de las embarazadas y de los recién nacidos, es una divinidad de armonía y alegría, amante de la música y la danza. Por ello, los sacerdotes organizaban regularmente en su magnífico santuario de Bubastis unas fiestas muy populares en el tiempo equivalente a nuestro mes de mayo en las que se consumía mucho alcohol. El pretexto de las celebraciones era mantener contenta a Bastet, ya que se la considera tan susceptible como su animal dedicado y, si se enfada, puede adquirir la forma de una leona violenta y furiosa. Lo cierto es que su nombre significa *la Desgarradora*, lo que supone ya de por sí una advertencia de lo que se puede esperar de ella si se la irrita. Algunas tradiciones la consideran hermana de Sejmet, y otras, un aspecto de ella.

BAT.- Antigua diosa celeste asociada a la fertilidad. Se la representa como una mujer con cuernos y orejas de vaca portando un tocado con varillas que terminó convirtiéndose en un sistro. Su animal sagrado era la vaca por lo que pronto fue transformada en un aspecto de Hathor.

BENNU.- El ave mística por excelencia en el Antiguo Egipto, reinterpretada y renombrada por los griegos como ave Fénix. Su nombre significa *El Brillante* –ya que es un ave masculina- y entre sus títulos figuran *el que asciende, Señor de la Alegría* y *el que se convirtió en Ser por Sí mismo*. Cada amanecer vuela desde las aguas engendrándose a sí mismo, ya que simboliza la creación y la resurrección. En algunas leyendas de Heliópolis, es creado por Geb y Nut. Otras, sin embargo, defienden su autoconcepción a partir del fuego de un árbol sagrado en el templo de Ra. Debido a ello y a su probada capacidad de resucitar una y otra vez, fue vinculado con la veneración solar pero también con Osiris.

Hay diferencia de criterios acerca de qué tipo de pájaro es exactamente Bennu pero al menos desde el Imperio Nuevo se le describe como una garza en dibujos donde aparece con la corona Atef –la corona blanca del Alto Egipto, pero adornada con dos plumas de avestruz–, ayudando a renacer a los difuntos. Incluso hay una especie, ya extinta pero que habitó en los territorios de los actuales Emiratos Árabes Unidos y tenía un gran tamaño, que lleva el nombre de *garza de Bennu* porque algunos expertos afirman que los egipcios se basaron en su imagen para identificar al animal sagrado.

A veces, se aparece a los mortales como hombre, si bien conservando la cabeza de garza, y usando ropa blanca o azul, propia de las momias, bajo una capa larga y transparente.

BES.- El culto de este genio familiar de aspecto característico –representado como un enano cabezudo y con barba, grandes ojos y pómulos, cuerpo desnudo y deforme– es de origen babilónico aunque se instaló también con gran éxito en Egipto donde aparece como una de las pocas figuras talladas en una visión frontal, en lugar de la de perfil, más habitual.

A pesar de su fealdad, o quizá precisamente gracias a ella, previene contra los demonios y las influencias maléficas, sobre todo las que actúan de noche, así como contra los ataques de los reptiles y los insectos. Se le colocaba a menudo en las puertas de las casas para que ejerciera mejor su carácter de protector del hogar y la familia. A veces se le representa con una piel de león o incluso con patas de león.

Más a menudo, porta algún instrumento, sobre todo los musicales como un arpa o un tambor, con los cuales cumple sus funciones de protección y, además, alegra a todos los que viven allí donde se le adora. Su carácter benéfico le llevó a ser exportado desde el Mediterráneo oriental hasta el oeste. Los griegos lo asimilarían a su dios sátiro, Sileno, y los fenicios lo llevarían hasta, al menos, las islas Baleares. De hecho, una de las más firmes teorías acerca del origen del nombre de la isla de Ibiza lo identifican con él. La denominación actual procede del nombre latino Ebusus, que no era sino la adaptación que la antigua Roma hizo de su nombre púnico, Ibosim, de etimología dudosa pero según los filólogos relacionada con Bes.

BUTO.- Ver UADYET.

CANOPO.- O Canope. Dios adorado bajo la forma de un cántaro coronado con una cabeza humana o de gavilán. Sus sacerdotes tenían consideración de magos poderosos, aunque probablemente su mayor mérito fuera su astucia. Así se deduce de lo que cuentan varios historiadores romanos, según los cuales unos sacerdotes caldeos desafiaron a los de Canopo para que se enfrentara con sus divinidades del fuego y dilucidar así quién era más poderoso. Los egipcios aceptaron el reto, que consistía en colocar una de las grandes vasijas de su dios en medio de una hoguera para ver si conseguía dominar las llamas o era devorado por ellas. Aunque en un primer momento el fuego amenazó con destruirla, se apagó de pronto sin causa aparente, lo que causó gran pavor entre los caldeos, que reconocieron la victoria de Canopo. En realidad, venció gracias al ingenio de uno de sus sacerdotes, que agujereó la vasija, luego tapó los orificios con cera y finalmente la llenó de agua. La cera se derritió con el calor y el agua salió por los agujeros y apagó la hoguera.

La existencia de vasijas dedicadas a esta deidad dio nombre a los vasos canopos, en los que se introducían las vísceras de los difuntos, lavadas y embalsamadas, bajo la protección de los genios Amset, Duamutef, Gebehsenuf y Hapi. Sin embargo, el nombre fue un error de los primeros arqueólogos europeos, que relacionaron los cántaros de adoración a Canopo con los recipientes destinados a los órganos internos de los muertos, cuando no tenían nada que ver.

En todo caso, el origen de Canopo parece griego, ya que existe una ciudad con el mismo nombre fundada cerca de Alejandría en recuerdo de un espartano que había sido uno de los hombres de confianza y timonel en el barco del rey Menelao, cuya esposa Helena se marchó con el príncipe Paris a Troya y desencadenó la famosa guerra. Tras la derrota de los troyanos, Menelao y Helena visitaron Egipto y la hija del faraón se enamoró de Canopo. Sin embargo, una serpiente le mordió y el griego murió. El propio Menelao enterró su cuerpo en un lugar que fue llamado a partir de entonces Canopo. Helena, que le tenía también en gran estima, lloró por él y de sus lágrimas nació una planta llamada helenio –por la reina– o énula.

Otra leyenda cuenta que Canopo había sido piloto del dios Osiris en su barco del inframundo, pero esto parece ser una adaptación del sucedido griego, sustituyendo a Menelao por Osiris y a la nave del mundo físico por la del espiritual.

DECANOS.- O *bakiu* en egipcio. Son los 36 dioses secundarios que presiden los signos zodiacales, representados en grupos de tres – como los tres decanatos de cada signo y de ahí, su nombre- y colocados bajo la dirección de las principales doce divinidades, por lo que marcan el horóscopo y el destino de los mortales. La representación más conocida entre los zodíacos egipcios es el bajorrelieve circular esculpido en el templo de la diosa Hathor en Dendera, en la actualidad expuesto en el Museo del Louvre en París.

En su forma de pequeñas constelaciones, los decanos ascienden sucesivamente al cielo, siguiendo a la estrella Sirio que marca el comienzo de la secuencia, en la época de la crecida anual del Nilo, a primeros de julio. Por ello fueron utilizados para medir el paso de las horas nocturnas desde al menos unos 2100 años antes de Cristo, como puede apreciarse en algunos sarcófagos donde fueron empleados además como decoración. Su uso en labores de magia y astrología fue muy popular hasta el Renacimiento.

Existen diversas enumeraciones de los decanos, alguna de ellas incompleta. La lista grecoegipcia es la siguiente: para Aries, Xonthar, Siket y Xontxre; para Tauro, Xau, Arat y Remenhare; para Géminis, Thosalk, Uaret y Phuhor; para Cáncer, Sopdet, Seta y Jnum; para Leo, Xarknum, Hatet y Futet; para Virgo, Tom, Ustebikot y Aposot; para Libra, Sobxos, Tpaxont y Xonthar; para Escorpio, Sptxne, Sesme y Sisesme; para Sagitario, Hreua, Sesme y Konime; para Capricornio, Smat, Srat y Sisrat; para Acuario, Tpaxu, Xu y Tpabiu; para Piscis, Biu, Xonthar y Tpibiu.

Aunque algunos nombres de los decanos de signos distintos sean muy parecidos entre ellos e incluso los mismos, hacen referencia a divinidades diferentes. Por ejemplo, Escorpio y Sagitario comparten un Sesme, ambos además en el segundo decanato, pero esta denominación sólo coincide en la enumeración grecoegipcia. La que elaboró por ejemplo Aristóbulo de Alejandría hacia el siglo III después de

Cristo llama Nacy al primer Sesme grecoegipcio y Enautha al segundo, mientras que el erudito jesuita Athanasius Kircher los conoce, ya en el siglo XVII, como Merota y Tomras, respectivamente.

DEDUN.- Dios similar a Seth o Tifón, pero de origen nubio y adorado por tanto en el Alto Egipto.

DUAMUTEF.- Uno de los cuatro genios funerarios, junto con Amset, Gebehsenuf y Hapi, encargados de cuidar de las vísceras embalsamadas y momificadas de los difuntos, guardadas en sus tumbas. Las entrañas se introducen en los llamados vasos canopes o canopos: en cada uno de ellos se custodia un órgano diferente, protegido por uno de los genios. La cabeza esculpida de cada genio sirve de tapa al recipiente. Duamutef es el responsable de proteger el estómago, que reposa en el vaso colocado al este y su cabeza es de chacal o de perro. La diosa Neith es su protectora.

DUAT.- O Dat o Necher-Jertet o Amenti. Es el inframundo egipcio, donde los muertos deben atravesar diversos peligros y franquear una docena de puertas, cada una de ellas asociada a una deidad diferente, hasta llegar a presentarse ante el juicio de Osiris.

Durante el Imperio Antiguo se consideraba la Duat como un mundo celestial, por encima de la Tierra, donde iban los hombres corrientes. Más arriba, existiría otro reino superior, el de Ra, al que sólo podía llegar el faraón. A partir del Imperio Nuevo, por lo menos, la Duat había cambiado de ubicación y se le situaba debajo de la Tierra, en las zonas oscuras que el mismo Ra surcaba en su barca solar durante las horas nocturnas, luchando a diario contra la serpiente Apofis.

EHI.- Ver IHY.

ENÉADA.- La Enéada –Pesedjet, en egipcio– de Tebas o cosmogonía de Heliópolis es el panteón clásico de los nueve dioses más importantes en el Antiguo Egipto, inicialmente congregados en grupos diferentes. Son: Atum Ra, Shu, Tefnut, Geb, Nut, Osiris, Isis, Seth y

Neftis, a los que se uniría Horus como parte imprescindible del drama generado por el asesinato de Osiris a manos de Seth.

ERNUTET.- O Renetutet o Renenet. Conocida como *Señora del doble granero* en su calidad de diosa de las cosechas, los graneros y los alimentos y madre del dios Neper o Nepri, una divinidad del grano en la zona de El Fayum, al sur del delta del Nilo. Está considerada como una de las divinidades más antiguas del panteón egipcio pues se sabe que era adorada desde tiempos predinásticos y entre sus funciones figura la de la protección del faraón, su familia y los gobernantes egipcios. Por ello a veces aparece dando de mamar al retoño real y coronada con una o dos plumas, un ureo o un disco solar con sus cuernos.

Representada como una cobra o como una mujer con cuello y cabeza de cobra, fue asociada progresivamente con Uadyet hasta que terminó identificada como un aspecto más de esta última diosa serpiente, protectora del faraón. Uadyet y Nejbet eran conocidas como Nebty o *Las dos Señoras*, ya que se encargaban personalmente de cuidar al faraón de sus enemigos. Se decía que podía destruir a sus enemigos sólo con una mirada.

Su esposo es el dios cocodrilo Sobek, creador del Nilo y artífice de las inundaciones periódicas que permitían cosechas abundantes en sus riberas. Por ello, Ernutet también está relacionada con la fertilidad y la protección de las madres y sus bebés. Ostenta otros títulos, como el de *Señora de las vestimentas* porque impregna con su poder mágico las vestiduras del rey y los vendajes de las momias.

GEB.- Su nombre egipcio es Keb, aunque los griegos le conocieron como Geb y llegaron a asimilarle con su dios Cronos. Hijo de Shu y Tefnut, es una de las divinidades de la Enéada de Heliópolis y por tanto se cuenta entre las más antiguas. Como dios de la Tierra –denominada *la Casa de Geb*–, se le representa como un hombre gigantesco tumbado boca arriba y a menudo de color verde oscuro, simbolizando la vegetación. A menudo porta un ganso sobre la cabeza porque este ave representa su nombre en lenguaje jeroglífico. Algunas leyendas le relacionan con la creación del pájaro Bennu. Nunca aparece con órganos sexuales, ya que el aire –dominio de Shu– le separaba permanentemente de su esposa y hermana Nut, diosa del Cielo, que se extendía sobre él. A pesar de que su unión era imposible, con ella procreó a cinco hijos: Osiris, Isis, Seth, Neftis y Horus el Viejo. En compañía de Nut se encargó además de presidir la asamblea que juzgó el asesinato de Osiris a manos de su hermano Seth. Posteriormente recibió el encargo de guardar las puertas de entrada a la Duat, además de vigilar el pesaje del corazón del difunto y mantener prisioneros los espíritus de aquéllos que, en vida, no habían sido justos.

GEBEHSENUF.- O Kebeshenuef. Es uno de los cuatro genios funerarios, junto con Amset, Duamutef y Hapi, encargados de cuidar de las vísceras embalsamadas y momificadas de los difuntos, guardadas en sus tumbas. Las entrañas se introducen en los llamados vasos canopes o canopos: en cada uno de ellos se custodia un órgano diferente, protegido por uno de los genios. La cabeza esculpida de cada genio sirve de tapa al recipiente. Gebehsenuf es el responsable de proteger los intestinos, que reposan en el vaso colocado al oeste y su cabeza es de halcón. La diosa Serket es su protectora.

HA.- El dios de las montañas del desierto, especialmente del occidental, es de gran antigüedad y fue venerado como protector de la ciudad de Behdet –en egipcio– o Metelis –en griego–, hoy Damanhur, que defendía de las tribus nómadas que llegaban desde Libia. Se le muestra como un hombre con una corona en la que están representadas las colinas del desierto o el jeroglífico correspondiente al oeste. Es el creador de los oasis y a veces porta un arpón, con el cual ataca hipopótamos. Estaba presente en la Heb Sed, la fiesta de la renovación real para regenerar la energía física y mística del faraón, un ritual que se celebraba desde la primera dinastía. Adquirió su mayor influencia a raíz de la supremacía de su ciudad tutelar durante el reinado de Anedjti, en la época predinástica. Posteriormente fue asociado también a la Duat.

HAP.- Ver APIS.

HAPI.- Es uno de los cuatro genios funerarios, junto con Amset, Duamutef y Gebehsenuf, encargados de cuidar de las vísceras embalsamadas y momificadas de los difuntos, guardadas en sus tumbas. Las entrañas se introducen en los llamados vasos canopes o canopos: en cada uno de ellos se custodia un órgano diferente, protegido por uno de los genios. La cabeza esculpida de cada genio sirve de tapa al recipiente. Hapi es el responsable de proteger los pulmones, que reposan en el vaso colocado al norte y su cabeza es de babuino. La diosa Neftis es su protectora.

HAPPI.- O Haapi o Hep. Es la personificación del río Nilo –no confundir con el genio funerario Hapi–, una divinidad que se aloja en una cueva entre las islas de Elefantina y Filae a la altura de la primera catarata, en Asuán, con su harén de diosas rana. Cada año abandonaba su peculiar morada para generar la crecida que llevaría las fértiles aguas del cauce a todo el país. En el templo construido allí, los sacerdotes instalaron uno de los más conocidos nilómetros o varas para medir el nivel de las aguas.

Muy popular a lo largo de las riberas del Nilo, aparece en los muros de la mayor parte de los templos. Cuando se le representa con forma humana, lo que es raro, aparece como una especie de faraón barbudo y desnudo, de piel verde o azul, y barriga y pechos de mujer caídos. En el Alto Egipto, lleva una planta de loto sobre la cabeza y, en el Bajo Egipto, una de papiro. En ocasiones también figura con dos cabezas de oca y una palmera. En los Museos Vaticanos existe una estatua donde aparece rodeado por sus 16 hijos que, en realidad, eran los recodos que el Nilo debía recorrer hasta desembocar en el Mediterráneo.

HARMAJIS.- O Har Em Ajet, en egipcio. Originario de Heliópolis, es una manifestación antigua del Sol naciente –por eso se le llamó *Horus en el horizonte oriental-* y se le representa con un león, animal característico de los cultos solares, antes de quedar asimilado a Horus y sustituir el león por el halcón. Fue relacionado con la Esfinge de Guiza tras el sueño que tuvo Tutmosis IV, siendo éste todavía un príncipe que dormía a la sombra de la cabeza del coloso de piedra, única parte que en su época sobresalía de entre las arenas. De acuerdo con ese sueño, Harmajis le pidió que le desenterrara por completo y a cambio le apoyaría para que se convirtiera en faraón. Tutmosis IV utilizó este argumento para justificar su reclamación al trono.

HAROERIS.- O Hor-Ur, en egipcio. Significa Horus *el Viejo* y también Horus *el Grande*. Es posiblemente la forma más arcaica del nombre del también llamado *Señor de la Luz y del Cielo*. Griegos y romanos mezclaron la historia de Osiris con la de Horus y aún con la de su dios Apolo, afirmando entre otras cosas que Haroeris fue asesinado por los Titanes –figura mitológica grecorromana– y despedazado, si bien más tarde resucitado por Isis, de la que habría recibido además el don de la profecía y el conocimiento de la medicina.

HATHOR.- O Het heru que, en egipcio, significa *Morada de* Horus por cuanto según unas u otras leyendas se le considera su esposa o su madre y, por extensión, madre simbólica de sus representantes en la Tierra: los faraones. Su culto estaba centrado en Menfis y posteriormente en Dendera pero se difundió por todo Egipto ya que era una divinidad popular como garante de la alegría, la música, la danza, la belleza, el amor y la maternidad, además de protectora de las mujeres y en especial de la embarazadas y de sus futuros bebés. Aparece como una vaca, una mujer con orejas –o toda la cabeza– de vaca o una mujer coronada con dos cuernos vacunos con el Sol entre ellos. En las culturas de la antigüedad, poseer vacas o, en general, ganado era un sinónimo de abundancia, riqueza y prosperidad porque quien disponía de animales tenía carne, leche y pieles para alimentarse y vestirse todos los días en una época en la que no era tan fácil conseguir comida a diario.

Es hija de Ra y por tanto ostenta los títulos de *Señora del Cielo* y *Señora de Occidente*. Además, asume el papel de Ojo de Ra: un complemento femenino del dios solar y la encarnación de su fuerza para poder defenderle por medio de la violencia –asociada con el fuego– de cualquier enemigo que amenazara el orden de las cosas, como Apofis.

Hathor llegó a ser venerada en tantos lugares que al final fue identificada con otras diosas como Isis, Bastet, Sejmet o Tefnut, con las que compartía funciones y también algunos objetos sagrados como el sistro, instrumento musical reservado para las fiestas sagradas cuyo sonido agrada especialmente a los dioses. Característico de ella, hasta el punto de que a veces se la cita con ese mismo nombre, es el menat: un collar ritual, confeccionado con distintos materiales –desde bronce a cuero– que se llevaba sobre el pecho sujeto a un contrapeso que caía sobre la espalda. Su portador disfruta de buena suerte además de protección contra los malos espíritus. Las mujeres lo utilizaban también para fomentar su fecundidad y los hombres, para reforzar su virilidad.

HATHORES.- Los siete genios populares que fijan con sus dones el destino del recién nacido.

HATMEHIT.- La Señora de los Pescados es una diosa pez venerada en el Bajo Egipto, que representa al primer pescado que surgió del caos primordial. Aparece como una mujer con un pez, que ha sido identificado con la carpa del Nilo, sobre la cabeza. Fue la diosa principal de Mendes, como esposa del dios carnero local, aunque también se la relaciona con el dios Jnum.

HEH.- O Hah o Huah o Hahuh. Es el dios de la eternidad y del espacio infinito y se le representa como un hombre arrodillado o sentado sobre el nub o símbolo del oro, el metal divino. En sus manos sujeta dos hojas de palmera, señal de la inmortalidad. En ocasiones posee cabeza de rana. Su símbolo jeroglífico le muestra también arrodillado, con los brazos hacia arriba como sosteniendo el cielo. En las matemáticas egipcias, este grafismo se utilizaba para indicar una cifra de un millón pero también como equivalente de infinito.

Adorado desde antiguo, como su esposa Hehet, fue asimilado con Shu y participó en la creación de la eternidad, lo que sucedió según algunos textos hasta ocho veces. Fue adorado especialmente en el Bajo Egipto y podía ser visto en los oasis con el aspecto de un genio que controlaba el tiempo. El faraón Amenemhat I era tan devoto de él que fundó una ciudad con su nombre al lado de la tercera catarata del Nilo.

En cuanto a Hehet o Heket o Heget, había nacido de la boca de Ra y ella también preside la inmortalidad junto a su marido. Cada mañana asiste como partera divina al nacimiento del Sol, motivo por el cual se convirtió en un culto popular de las embarazadas a las que no sólo ayuda a dar a luz sino que las protege desde el momento mismo en que son fecundadas. En el momento del nacimiento, concede el soplo de vida al bebé mediante el expediente de colocar el anj ante su nariz: por ello luce el título de *la que hace Respirar*. Se la representa a menudo como una mujer con cabeza de serpiente.

HEKA.- Dios de la magia y la fuerza divina del universo, cuyo nombre significa literalmente *el que activa el Ka*. Según las tradiciones era hijo de Atum o de Jnum. Se le representa como un hombre con la barba curvada típica de los dioses y a veces aparece estrangulando dos serpientes en sus manos. Debido a sus grandes poderes acompañaba a Ra en su barca y también protegía a Osiris en el inframundo.

HERISHEF.- Divinidad de la justicia y la fertilidad, nacido en las aguas primigenias y encargado de promover la crecida del Nilo para fertilizar sus riberas y facilitar así los cultivos. Su título más conocido es *el del Falo poderoso*, como corresponde a un dios de la fecundidad y la abundancia. Por su carácter de dador de riqueza, cada día se le ofrecían bueyes en sacrificio en su templo principal, ubicado en la ciudad de Nen nesu, más conocida por su nombre griego de Herakleópolis Magna. Los griegos le llamaron Harsafes y lo asimilaron posteriormente a Herakles. Su esposa era Mesjenet.

HOR MESUT.- Con este nombre egipcio se conoce al conjunto de los llamados *Cuatro Hijos de* Horus, que no son otros que los genios funerarios Amset, Duamutef, Gebehsenuf y Hapi, representados en los vasos canopes, relacionados cada uno de ellos con sendas diosas egipcias: Isis, Neith, Serket y Neftis, respectivamente.

Además, eran los guardianes de los puntos cardinales y asistían a Osiris durante el juicio de los muertos. Su vinculación con él se remonta a la ayuda que prestaron a Anubis durante el ritual que éste practicó para la apertura de los ojos y la boca de Osiris después de que Isis recuperara su cadáver, de manera que pudo resucitar y reinar así en el inframundo. También se les conocía como los *Amigos del Faraón* porque le amparaban y guiaban tras la muerte para que pudiera finalmente alcanzar el Aaru.

HORUS.- En egipcio, Hor o Heru, que significa *el Elevado* en referencia a su carácter solar, perteneciente a la realeza no sólo terrestre sino cósmica. Como tal rige además la guerra y la caza. El nombre de Horus es el que le dieron los griegos, que más tarde le asimilarían a Apolo, la más importante de sus divinidades solares. Junto con sus padres Isis y Osiris forma la trinidad de Abidos o tríada osiriaca, el grupo más importante de los antiguos dioses egipcios, además de formar parte de la Enéada heliopolitana.

Se le representa como un hombre con cabeza de halcón y la doble corona o bien un disco solar sobre la cabeza, generalmente sosteniendo un anj y un cetro uas. En la escritura jeroglífica, figura con el dibujo de un halcón posado sobre una percha, incluso desde la época predinástica. Como protector del faraón, cuyo linaje puede remontarse a la presencia de Horus mismo en la tierra, el humano no es sino la manifestación del dios aunque, al fallecer y gracias a las ceremonias rituales, el rey egipcio se integra en Osiris.

La leyenda más conocida de Horus le muestra en su ardua lucha y victoria final contra su hermano Seth, asesino y descuartizador de Osiris, padre de ambos. En esta guerra contó con la ayuda de los Shemsu Hor o *Seguidores de Horus* o *Compañeros de Horus*, quienes más tarde se encargarían de gobernar Egipto durante unos 6.000 años, en el período de los llamados «reyes míticos» que medió entre el reinado de las deidades y los primeros faraones humanos. Durante el enfrentamiento con su hermano, perdió el ojo izquierdo que pasó a transformarse en el udyat. Al recuperarlo, lo entregó a su padre Osiris como ofrenda y por eso los ojos en el cielo (el Sol es el ojo derecho de Horus y la Luna, su ojo izquierdo) tienen diferente luminosidad, ya que el dios quedó tuerto para siempre. A pesar de las diferencias con su tío, durante la noche defienden juntos la barca de Ra contra Apofis. Además, en la Duat posee un doble papel: como protector personal de Osiris y como intermediario entre él y el difunto durante el juicio de su alma.

Su poder y presencia es tal que afecta a numerosos aspectos religiosos y se despliega en diferentes manifestaciones, como la de Haroeris, la de Harmajis, la de Horajti –en la que asume el papel del Sol en el horizonte y se le representa como un hombre con cabeza de halcón coronado con el disco solar y Uadyet en la frente– o la de Har Net Jotf –con el título de *Horus, Protector de su Padre*–. Una de estas expresiones es la de Gran Horus Celestial y como tal se le conoce como Behdety o *el de Behdet*, uno de los distritos de Edfu, donde estaba su templo principal.

En algunas tradiciones, su esposa es Serket.

IHY.- O Ehi o Ahy, dios de la infancia, relacionado con la música y la alegría. Es hijo de Hathor y Horus y se le representa desnudo y con capa, aspecto infantil, la trenza lateral propia de la edad y un sistro, instrumento musical de percusión con platillos metálicos utilizado en rituales sagrados, sobre todo los de Isis. A veces aparece con el collar menat propio de su madre y con el dedo índice posado sobre la boca: un gesto que se ha interpretado de distintas formas, aunque el más obvio es la advertencia para guardar silencio ante el conocimiento secreto.

Se cree que su nombre significa *El Tañedor del sistro* o *El Ternero* –al ser hijo de Hathor, la diosa vaca-. En algunos textos figura como *Dios de los corazones* pero no por su posible influencia en cuestiones de amor sino por su participación en el pesaje de los mismos durante los juicios de Osiris. Su culto principal estaba en Dendera, como parte de la trinidad sagrada con sus padres, pero no fue especialmente conocido entre el pueblo. Los griegos lo consideraban hermano de Herus-

matauy o Harsomtus, otra deidad con aspecto infantil, representado con la flor de loto y relacionada con la creación, el poder del Sol y la unificación de las Dos Tierras.

IMHOTEP.- El primer científico conocido de la Historia, elevado por su erudición y sabiduría –al menos, en los campos de la arquitectura, la ingeniería, la medicina, las matemáticas y la astronomía– a la categoría de divinidad y asimilado como tal por los griegos, que inicialmente le llamaron Imutes, con su dios de la medicina Asklepio o, según el nombre romano, Esculapio. Su nombre significa *el que viene en Paz*.

Como hombre, Imhotep fue sumo sacerdote de Heliópolis, tiati –o primer funcionario del Estado tras el rey de Egipto– del faraón Djeser, tesorero real y administrador de palacio, así como arquitecto de la pirámide escalonada de Saqqara y de su ciudad funeraria. Imhotep fue la primera persona no miembro de la realeza en conseguir que su nombre fuera inscrito al lado del de un faraón. Desde el punto de vista médico se le considera autor de una recopilación de observaciones anatómicas, dolencias, diagnósticos y métodos de curación incluyendo un recetario de fármacos e incluso de prácticas quirúrgicas. Fue también venerado como patrón de los escribas y vinculado por ello a Thot y su culto principal estaba en Menfis.

INHERET.- Ver ONURIS.

ISIS.- O Asat o Iset o Eset, en egipcio. Es una de las diosas principales del panteón egipcio y quizá la más conocida más allá del Nilo, con templos en todo el Mediterráneo. Como esposa de Osiris y madre de Horus, conforma junto a ellos la tríada osiriaca o trinidad de Abidos, la más popular de la mitología egipcia. Forma parte también de la Enéada de Heliópolis.

Su nombre significa *Trono* y por ello se la representa como una mujer con un trono estilizado en la cabeza en su calidad de guardiana del bienestar de la realeza y por tanto de la estabilidad del reino, portando un anj y un bastón de papiro. Es la diosa madre por excelencia, la reina del Cielo, la personificación de la Naturaleza, el principio femenino del Universo, la divinidad de la fecundidad y la regeneración, la maestra de la magia y protectora amantísima de sus hijos: los iniciados, los únicos que pueden admirar su belleza directamente en lugar de cubierta por un velo, como los mortales corrientes. Desempeña también un importante papel en ayuda a los difuntos y los llamados Hor Mesut son, según algunos textos, descendientes suyos. Su poderosa presencia impregnó y caracterizó de una forma u otra a las diosas o mujeres santas de sucesivos cultos y tradiciones posteriores.

Quizá su emblema más característico, al menos desde el Imperio Nuevo, es el tyet o *Nudo de Isis*, una especie de anj con los brazos horizontales vencidos y en perpendicular al eje vertical, cuyo nombre se traduce de la misma forma: *Vida* o *Bienestar*. También se le conocía como *Sangre de Isis* cuando se fabricaba en forma de amuleto con piedras rojas como la cornalina o el jaspe o incluso con vidrio rojo.

Algunos estudios relacionan el tyet con el poder femenino y el djed con el masculino. El templo más conocido de la diosa, que figura en las rutas turísticas contemporáneas, es el de la isla de Filae, en el Alto Egipto, cerca de la primera catarata, donde se celebraban algunos rituales iniciáticos de los misterios de Isis y Osiris. En Alejandría se la adoró en el faro, bajo el nombre de Faria o Faria Juvenca, *la Engendradora egipcia*.

Las festividades en honor de Isis son las Iseas y, de acuerdo con la descripción de los autores grecorromanos, comenzaban con el lamento ceremonial de la diosa tras el asesinato de Osiris a mediados del mes de Athyr, en la época de inundación, continuaban con el regreso del dios durante el mes siguiente de Joiak y culminaban en el siguiente, el de Tybi, con su inhumación. Más tarde, el calendario romano incluiría desde al menos el siglo I después de Cristo dos fiestas oficiales dedicada a la diosa. La primera era la *Navigium Isidis* o *Barco de Is*is, que se celebraba en la primera luna llena después de primavera e incluía una procesión en la que la estatua de la diosa era paseada en andas sobre los hombros de sacerdotes, algunos enmascarados, acompañados de música –es difícil obviar el hecho de que aún a día de hoy la fecha de la Semana Santa se determina fijando como Domingo de Pascua el primero posterior a la primera luna llena de la primavera, y que incluye procesiones con sacerdotes, fieles enmascarados con capirotes y bandas de música–. La segunda era las *Isia* a finales de octubre y primeros de noviembre, que básicamente eran similares a las Iseas egipcias de recuerdo por la muerte de Osiris –por cierto también en nuestra época en esas mismas fechas tenemos una conmemoración de los que ya no están entre nosotros, el día de Todos los Santos el 1 de noviembre y el de los Fieles Difuntos el 2–.

JENTIAMENTIU.- O Jentamenti, es un dios antiguo cuyo nombre, que significa *el líder de los occidentales*, terminó transformándose en título para otros dioses como Osiris y Anubis. Se le representa como un dios con cabeza de chacal negro y es el guardián de la necrópolis de la ciudad de Abidos.

JEPRI.- Divinidad solar cuyo nombre significa *el que se ha hecho, se ha transformado* o *ha llegado a ser por Sí* mismo ya que es una divinidad de creación y transformación, relacionado con la eternidad y en cierto modo con los cultos mistéricos en los que el iniciado «se hace a sí mismo» a partir de la humanidad común, en un concepto similar al que Jesucristo popularizaría al referirse al «hijo del Hombre». Hermano de otras divinidades solares como Ra y Jnum, él representa al Sol del amanecer, mientras el segundo es el astro rey en su pleno poder en mediodía y el tercero, el del crepúsculo.

Se le representa como a un hombre con cabeza de escarabajo pelotero o directamente como a este animal, en lo que supone uno de los símbolos más conocidos del Antiguo Egipto. Está asociado al género masculino porque vulgarmente se creía que en esta especie sólo existían machos que nacían fecundando las bolas de estiércol que empujan, por lo que su significado es el de la continuidad de la vida que se regenera a sí misma de manera sistemática. Al igual que el insecto, Jepri hace rodar su propia bola, pero en este caso es el disco solar a través del cielo.

En el templo de Apis, para que un buey fuera conocido como sagrada encarnación del dios, debía llevar varias marcas en su cuerpo y una de ellas era la imagen de Jepri bajo la lengua. Si bien el dios escarabajo carecía de templos propios, grandes imágenes suyas en piedra fueron construidas en ellos y uno de los amuletos más empleados a nivel popular –incluso a día de hoy, aunque en forma de regalo para turistas– es el escarabeo que, en vida, proporciona protección y poder mientras que, una vez fallecido, confiere a su portador la posibilidad de alcanzar la vida eterna. Por esta relación con la resurrección, los primeros misioneros judeocristianos se apoderaron del símbolo para representar a Jesucristo con el apodo de *el Buen Escarabeo*, además del más conocido de *el Buen Pastor*. Los arqueólogos han desenterrado escarabeos fabricados en piedras preciosas, cerámica, marfil y hueso, entre otros materiales.

JERTI.- Dios funerario, poderoso en la Duat como representante del Sol en su fase nocturna. Se le representa como un carnero envuelto en un sudario, pero también aparece con forma de león, de toro, de barquero y de pastor.

JNUM.- O Janum o, en nubio, Deduen. Conocido por los griegos como Jnufis o Jnumis, su nombre significa *el Modelador* puesto que es una divinidad creadora. Fue él quien fabricó el huevo primordial del que nació la luz del Sol gracias a la cual pudo empezar a vivir el mundo, por lo que se le considera una de las deidades más antiguas del panteón egipcio.

En su calidad de dios alfarero, modelaba con el lodo del Nilo a los seres humanos y además creaba su Ka cuando nacían, por lo que recibió el título de *Padre de los padres y Madre de las madres*. Pero un día se cansó de hacer girar su torno y lo rompió en pedazos. Luego colocó en cada mujer que había creado una parte de este instrumento y, a partir de entonces, son las mujeres las encargadas del milagro de crear nuevas vidas.

Con su poder preservaba el Nilo y por eso se le llamaba *Señor de la catarata* y *Dios de las fuentes*, pero también disponía de las aguas del inframundo por lo que era *Señor del Más Allá*. Se le representa como un hombre con cabeza de carnero, a menudo tocado con la corona Atef, y portando un anj y un cetro uas. Es el dios principal en la trinidad de la isla Elefantina junto a Satis y Anuke y se le adoraba de manera especial en Esna.

JONSU.- O Jons o Chonsu es el dios de la Luna y su nombre significa *el Viajero*, por los desplazamientos nocturnos del cuerpo celeste que representa. Es el encargado de vigilar el paso del tiempo, tarea que comparte con Toth, y absorbió a otras deidades lunares menores como Aah. Forma parte de la llamada tríada tebana junto a su padre Amón y su madre Mut. Su representación habitual es la de un hombre con barba –y aún así con un mechón de cabello lateral, como si fuera un niño o un adolescente– coronado por una luna creciente y, sobre ella, un disco lunar, portando un cetro uas con djed, un anj y los símbolos del poder del faraón: el heka o cayado y el nejej o mayal. A menudo luce también el collar menat. También aparece como un hombre con cabeza de halcón pero se le reconoce por su doble corona lunar.

Venerado especialmente en Menfis, Hibis y Edfu, su templo principal estaba en Karnak y adquirió fama como sanador. Entre sus poderes, expresados a través del cuarto creciente, figura la concesión de fertilidad a las mujeres y a las hembras del ganado, el exorcismo de los endemoniados así como la capacidad de destaponar narices y gargantas. Tenía la virtud de animar algunas estatuas a través de las cuales actuaba en el mundo, por ejemplo provocando sueños especiales en los cuales proporcionaba remedios concretos para cualquier enfermedad.

MAAHES.- O Mihos o Miysis. Dios león originario de Nubia que fue asimilado en el panteón egipcio tras la conquista de este territorio. El rey de los felinos es uno de los símbolos del Sol, por lo que es considerado un aspecto o un hijo de Ra, al que acompaña en su barca solar para combatir cada noche contra Apofis. Cumple funciones de dios de la guerra y protector de los espacios sagrados, además de guardar al faraón durante las batallas. Entre sus títulos figuran los de *Señor de la carnicería* y *León de la feroz mirada*.

MAAT.- Hija de Ra y diosa de la verdad, la ley, la justicia, el orden y la armonía tanto en la sociedad humana como en el universo. Representada como una mujer con anj y cetro uas o bien de papiro, se la reconoce por la pluma de avestruz que luce perfectamente vertical y sujeta con un lazo en su cabeza. Esta pluma es la que utiliza para el pesaje de las almas durante el juicio de Osiris: la coloca en uno de los platillos de la balanza mientras en el otro reposa el corazón del difunto. Si ambos permanecen equilibrados en el peso, el fallecido se garantiza la vida eterna y, si no, es condenado a ser devorado por Ammit.

Los sacerdotes egipcios, que la veneraron sobre todo en Karnak pero también en otros templos, propiciaban ofrendas diarias a Maat por considerarla el poder benefactor que protegía a los dioses, que a su vez protegían a los hombres. Además, la diosa estaba muy vinculada al faraón, sobre todo durante el Imperio Antiguo, al ser la encarnación humana de la justicia divina, por lo que no era extraño que fuera él mismo quien se encargara de esas ofrendas. En varias tradiciones aparece como la esposa de Thot.

El respeto de la sociedad egipcia hacia esta diosa en concreto era tal que su nombre fue adoptado por diferentes personajes de importancia, como la reina Hatshepsut que gobernó con el nombre de Maat Ka Ra Hatshepsut. Los jueces llevaban a menudo su imagen colgada del cuello para invocar su protección y procurar su inspiración a la hora de evaluar los casos que se les presentaban.

MAFDET.- O Maftet. Diosa egipcia con aspecto felino y cabeza de gato, civeta, lince o mangosta. Es hija de Ra y Bastet y está encargada de proteger a los seres humanos contra los animales venenosos como el escorpión, por lo cual era rival de Serket, y la serpiente. Uno de sus títulos es justamente *Asesina de serpientes*. Protectora de la realeza y de los lugares sagrados, está relacionada con la justicia y las ejecuciones: los enemigos del faraón se exponen a ser decapitados en la otra vida con sus garras.

MEHEN.- Serpiente benévola y guardiana de Ra, al que ayudaba y protegía durante el trayecto nocturno en su barca solar, enfrentándose a Apofis, pero también rodeando su capilla para que nadie le molestara. Su nombre significa *la que se enrosca*.

MEHETURET.- O Mehurt o Methyer. Diosa madre del nacimiento, muerte y fertilidad que encarna las aguas primordiales y que fue identificada tanto con el Nilo físico como con el celeste –la Vía Láctea– o el de la Duat. Su nombre significa *Gran inundación* o *Gran nadadora*, pero también se la conoce como *Gran Vaca del agua*. De hecho se la representa como una vaca con un disco solar entre los cuernos, a veces con el cuerpo estrellado, entre papiros o juncos y con dos plumas de avestruz sobre la cabeza. Fue asimilada con Hathor, pero también con Isis y Neith.

MENDES.- O Benebdjedet en egipcio, era el dios carnero de la ciudad homónima, en el delta del Nilo. Su nombre significa *Señor del Ba Djedet*, el nombre egipcio de esta urbe, la cual rigió hasta la aparición de los principales dioses. Reconociendo su poder, Mendes se fundió sucesivamente con Ra, Osiris, Seth y Shu de manera que adquirió cuatro cabezas en su cuerpo, una por cada deidad. Finalmente fue asociado con Jnum. En el conflicto entre Osiris y Seth, apoyó inicialmente a  este último pero al ver el cariz que tomaban las cosas terminó pidiendo ayuda a Neith para resolver el drama y que ella fuera quien decidiera si el trono merecía ser ocupado por Horus o por su tío.

MENHIT.- Diosa de la guerra originaria de Nubia cuyo nombre significa *la Sacrificadora*. Protegía al faraón y lo guiaba en la batalla, utilizando el poder de la luz y el calor. Se la representa como una mujer con cabeza de león, con disco solar sobre su cabeza y ureo en la frente, con anj y cetro de papiro. Es la personificación del viento del norte. Su marido es Onuris.

MENKERET.- Criatura del inframundo que se encarga de transportar sobre su cabeza al difunto para que no sucumba en los pantanos de la Duat.

MESJENET.- Divinidad femenina que preside y protege los partos y cuida de los bebés, cuyo Ka crea en el vientre de las embarazadas determinando así su destino una vez haya nacido. Acorde con esto, su símbolo es el útero de una novilla. Se la representa como una mujer con dos largos tallos vegetales sobre la cabeza y un anj, pero también como un ladrillo con cabeza humana. Este último detalle puede estar relacionado con su papel como creadora de los mismos cimientos del Universo, así como de la colina primigenia sobre la cual fue construido el mundo. Por esta condición, bendecía los cimientos de los edificios sagrados. Su marido era Herishef, aunque en algunas tradiciones es Shai.

MIN.- O Menulo, en egipcio. Dios antiguo del Alto Egipto, originario de la ciudad de Coptos –o Gebtu en egipcio– cuyo falo erecto muestra su principal ocupación: garantizar la fertilidad, tanto de fauna como de flora. Esta actividad le hizo sumamente popular desde la época predinástica hasta la romana. Además es un dios lunar, cuyo mes era el de Tybi, al comienzo de la estación de Peret o de la siembra, y durante el Imperio Nuevo se le dedicaban fiestas de carácter orgiástico. También se le ofrecía la primera cosecha de trigo y se bendecía especialmente el cultivo de lechuga, planta dedicada a su culto por considerar que poseía poderes afrodisíacos. Es protector de viajeros y patrón de comerciantes y mineros.

Representado habitualmente como un hombre de piel verde o negra, para subrayar su carácter de fuerza generadora, aparece sobre un pedestal con una corona roja adornada por dos plumas y un látigo en ademán de golpear. En ocasiones simbolizado por un toro negro, de hecho su título más conocido es el de *Toro de su madre*, en su papel de fecundador de la diosa celeste que es, al mismo tiempo, esposa y madre y se llama Jentet Iabet: *La que preside en Oriente*. También luce otras denominaciones como *Señor del desierto del este*, *Protector de la Luna* o *Guardián de los caminos*. Según algunos textos, es hijo de Ra pero según otros lo es de Shu y fue asociado con Horus y Amón en Egipto y con Pan en Grecia.

MNEUIS.- O Menu Ur, en egipcio. Toro sagrado de la ciudad de Heliópolis, especialmente consagrado a Ra Atum e identificado con el tiempo con el culto de Apis. El animal mantenido en el templo debía tener el pelo negro y rizado.

MONTU.- O Mentu. El primer dios de Hermontis, hoy Armant, antes de la aparición de Amón. Cuanto éste llegó y su culto cobró mayor importancia, la influencia de Montu se redujo a lugares concretos como el suburbio tebano de Medamud. Es un dios guerrero armado con arco y hacha. Se le representa como un hombre con cabeza de halcón con el disco solar, dos ureos y dos plumas rectas. Su mujer es una diosa solar llamada Raet Taui, que significa *el Sol femenino de las Dos Tierras*, mientras que su hijo es conocido como Horfré, *Horus el Sol*. Identificado con Ra, fue rebautizado como Montu Ra y en este aspecto encarnaba el poder destructivo del calor solar. Faraones de varias dinastías lucieron su nombre como Mentuhotep, que significa *Montu está satisfecho*.

MUT.- O Maut o Mout o Amonet o Amahuet, su nombre significa *la Madre* porque se trata precisamente de una diosa madre, origen de la creación y esposa de Amón: con él y con su hijo Jonsu formaba la llamada tríada tebana. Su rango se demuestra en su representación habitual, provista de la corona doble, que luce junto a un tocado de buitre, un cetro de papiro y un anj. Otra demostración de su importancia es que a ella está dedicado uno de los cuatro principales recintos del gran complejo de Karnak: Isheru o Asheru, donde se encontraba el manantial del cual bebía el lago sagrado con forma de media luna ubicado junto a su templo.

Fue especialmente venerada durante el Imperio Nuevo, con varios santuarios erigidos en su honor incluso en los territorios del actual Sudán. Su nombre fue popular entre la realeza y, por ejemplo, la esposa del faraón Ramsés II el Grande, la reina Nefertari, ostentaba el título de Meriten Mut o *Amada de Mut*.

NEFERTEM.- O Nefertum. Hijo de Ptah y Sejmet, con los cuales formaba una trinidad sagrada en Menfis, es la personificación de la flor del loto, de la cual nació el dios primordial Atum, también identificado con Ra *el Joven*. De ahí que su nombre signifique *Atum el Bello*. Tiene también el título de *Señor de los perfumes*. Se le representa como un hombre con una flor de loto azul en la cabeza, a veces con dos plumas y también con dos collares menat. Como guardián de las fronteras egipcias en el este, a veces va armado con una espada curva. Los griegos le rebautizaron como Iftimis y lo identificaron con el titán Prometeo.

NEFTIS.- O Nebet het, en egipcio. Una de las diosas de la Enéada de Heliópolis, de evolución compleja y nombre real desconocido pues se la llama por su función: es la *Señora de la Casa*, entendiendo *Casa* por *Palacio celeste de los dioses* o tal vez *Templo*, por lo que sería un equivalente a suprema sacerdotisa. Se la representa como una mujer con anj y cetro uas y el símbolo jeroglífico de su apodo sobre la cabeza.

Es hija de Nut y Geb y hermana de Isis y Osiris, así como de Seth, del cual es además su esposa. Según algunas tradiciones, engañó a Seth con Osiris y de esta relación nació Anubis, a quien abandonó –y puede que, junto con la envidia, ésta fuera una de las razones de Seth para asesinar a Osiris, como venganza por haber tomado a su mujer, aunque según el historiador grecorromano Plutarco, en realidad se trató de un error de Osiris que confundió a las dos hermanas, porque eran gemelas–. Isis se encargó de recoger y educar al niño con cabeza de chacal, lo que conmovió a Neftis, que abandonó a los partidarios de Seth y ayudó a su hermana a reunir las partes desmembradas de Osiris. Más tarde se ocupó de cuidar a Horus niño.

Es una diosa de la oscuridad, de la noche y de la muerte y, como tal, protectora de viajeros en los lugares peligrosos y una de las responsables directas de los vasos canopos. En el ritual del embalsamamiento, se hacía referencia a ella como *Reina del lugar de los embalsamadores* mientras que las vendas de las momias eran *los mechones de Neftis*. Posee además poderes curativos y con ellos le gusta ayudar a los mortales, como atestiguan los amuletos con su imagen o los papiros mágicos encontrados por los arqueólogos, en los que se alude a la fuerza de su verbo al llamarla *Poderosa en palabras*. Entre sus ocupaciones figura su participación en algunas ceremonias festivas que requerían gran consumo de cerveza, en las que una de sus tareas era la de proteger al faraón para que pudiera beber y «*tener alegría sin resaca*» según los textos egipcios.

NEHEL.- Ver HEH.

NEITH.- O Neit o, en egipcio, Net. Antigua diosa de la guerra y de la caza, más tarde convertida en protectora de la sabiduría y las invenciones y creadora de dioses y mortales. Fue adorada desde la época predinástica con el nombre de *la libia* y bajo el aspecto de un escarabajo, pero su evolución posterior fue tan compleja que los egipcios la veneraron sucesivamente en diversos puntos geográficos y épocas como madre de diversos dioses, desde Ra a Sobek, además de considerarla creadora de los seres humanos gracias al poder de su verbo y protectora de los muertos.

Se la representa como una mujer con la corona Desheret o bien con un escudo con dos flechas cruzadas. Puede aparecer con arco y dos flechas –según algunos textos engendró el mundo con siete flechas o siete palabras– o bien con una lanza y una lechuza –por asociación griega con Atenea– y también con una lanzadera de tejedora –como inventora que fue del tejido–, pero también con forma de abeja, vaca, pez, cabeza de leona o amamantando a un cocodrilo.

Entre sus títulos figuran *la Terrorífica* o *Señora de Occidente*. En época grecorromana, durante las fiestas en su honor, las sacerdotisas jóvenes luchaban armadas entre sí para optar al título de suma sacerdotisa del templo. Junto a sus santuarios fueron instaladas escuelas de medicina o *Casas de la vida*. El historiador romano Plutarco refiere que en su templo de la ciudad de Sais podía leerse la siguiente inscripción: «Soy todo lo que ha sido, lo que es y lo que será. Ningún mortal ha podido aún levantar el velo que me cubre». Esta frase también es atribuida a Isis, lo que indica una asociación entre ambas diosas.

NEJBET.- Diosa protectora tanto en el parto como en la guerra, su nombre significa *la de Nejeb*, una de las grandes ciudades del Alto Egipto, aunque terminó siendo popular en todo el país. Su representación más conocida es la de un buitre blanco tocado con la corona Hedyet, a veces con las alas abatidas y a veces sobrevolando al faraón, a quien escoltaba junto con Uadyet, motivo por el cual a estas dos diosas se las conocía como *Las dos Señoras*. Se la representa también como una cobra o como una diosa guerrera empuñando varias flechas.

NEMTI.- O Anti. Es un dios guerrero cuyo nombre significa *el caminante* o *el vagabundo*. También se le conoce como *el corto de piernas*. Se le representa de diversas formas: como un dios con cabeza de halcón y alas desplegadas, como dos halcones juntos, como un ave blanca, como una piel de vacuno sobre un soporte o incluso como una piel de leopardo. Es el encargado de vigilar la navegación de la barca solar en compañía de Sokar pero también es el barquero de Isis.

NUN.- O Nuu o Naú. Es el dios del caos original, el dios océano primordial que existió en medio de la oscuridad antes de la creación y a partir del cual todo se genera, el principio vital que todo lo anima y desde donde todo germina.

Después de la creación, sus aguas rodean la Tierra y separan el mundo de los vivos y de los muertos, además de generar la inundación anual del Nilo. Representado en la gran mayoría de los templos, suele aparecer como un hombre, semisumergido en las aguas y con los brazos en alto: en sus manos sujeta a los dioses o a alguno de sus atributos como la barca de Ra. Ostenta los títulos de *Aguas de la Vida* y *Padre de los dioses* y su Ba es el propio Sol.

NUT.- O Nuit. Una de las deidades de la Enéada de Heliópolis, hija de Shu y Tefnut y esposa y hermana de Geb, el dios de la Tierra, del que le separaba el aire –dominio de Shu-. Aunque no podía procrear

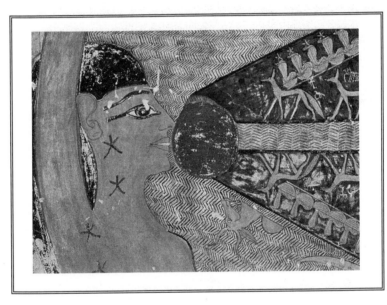

con su marido, gracias a una estratagema de Thot dio a luz a cinco hijos: Osiris, Isis, Seth, Neftis y Horus el Viejo. Su título es, por ello, *La Grande que alumbró a los dioses.*

Se la representa como una mujer gigantesca y desnuda, con su cuerpo lleno de estrellas formando la bóveda celeste. Sus brazos y piernas son los cuatro pilares sobre los cuales se apoya el cielo. Nut da a luz al Sol cada día: el astro rey viaja por todo su cuerpo hasta llegar a su boca y allí desaparece y pasa a la Duat por donde transita por la noche hasta el siguiente amanecer. Está relación con el Más Allá la convierte en protectora de los muertos, a los que no sólo ofrece alimento y ayuda, sino que les facilita la oportunidad de renacer igual que el Sol. También se la presentó, mas adelante, como una mujer con un jarro de agua en la cabeza. Su árbol sagrado era un sicomoro de Heliópolis, cuyas ramas eran un refugio para las almas cansadas de los desafíos de la vida.

OFOIS.- Ver UPUAT.

ONURIS.- O Anhur o Entor. Originalmente un dios de la caza armado con lanza cuyo reino estaba en el desierto, se convirtió en divinidad guerrera durante la época tinita. De hecho, era el patrón de los soldados egipcios y como tal ostentaba el título de *Destructor de enemigos.* Durante el Imperio Nuevo, se hizo aún más popular en esta función y se le conoció como *Salvador* porque las victorias del ejército egipcio guiado por él garantizaban la libertad y la independencia de todo el país.

Los griegos lo identificaron con su propio dios de la guerra, Ares. Durante las fiestas en su honor se organizaban batallas simuladas entre sus sacerdotes y parte del pueblo. Se le representa como un hombre con barba y peluca corta, con cuatro plumas sobre su cabeza y puede aparecer arrastrando al Sol con una cuerda que llega desde el cielo. Su nombre significa *aquél que ha traído a la diosa lejana*, en referencia a su esposa Menhit a la que condujo a Egipto desde su natal Libia. Allí había ido a buscar al Ojo de Ra por orden del mismo dios solar. Otra versión de los hechos afirma que lo que fue a buscar en realidad fue el Ojo de Horus, arrancado al dios halcón por su tío Seth durante su enfrentamiento final.

OPET.- Ver TUERIS.

OSIRIS.- O Asar o Usir en egipcio. No hay consenso científico en torno al origen de su culto -aunque llegó a ser el más popular de Egipto-, ni del significado de su nombre -que ha sido interpretado de diversas maneras como, por ejemplo, *el Poderoso* o *el portador del Ojo (sagrado)*-. Ostenta además diversos títulos como los de *Señor de la Vida, el que habita en el Cielo, Dios de Orión, el que tiene muchos nombres* o *Señor de la Eternidad*.

Es en todo caso uno de los principales dioses de Egipto al formar parte de la Enéada de Heliópolis, ser el esposo de Isis y el padre de Horus, con quienes comparte la leyenda más popular de la mitología egipcia: la de su asesinato a manos de su hermano Seth, los afanes de Isis por recuperar su cuerpo, la venganza que finalmente toma Horus y su papel a partir de ese momento como dios del otro mundo.

Es también el civilizador del pueblo egipcio y el inventor de la agricultura y de la religión, entre otras bondades. En el mismo sentido, aparece también como el gran promotor de Maat, la diosa del orden cósmico, para garantizar la prosperidad de los habitantes de la tierra del Nilo.

Conocemos representaciones de Osiris desde hace al menos 4.500 años pero su aspecto característico es el de un faraón muerto y deificado: un hombre de piel verde –el color de la vegetación– vestido íntegramente de blanco, tocado con la corona Hedyet o la Atef y provisto del heka o cayado y el nejej o mayal que sostiene con sus manos cruzadas sobre el pecho. Normalmente aparece sentado en el trono, como juez, o en pie para mostrar que ha derrotado a la muerte. En el *Libro de los muertos*, Atum profetiza a Osiris una vida de «millones de millones de años» al final de los cuales, todo se desmoronará y regresará al estado de Nun y en ese momento sólo ellos dos sobrevivirán como entidades independientes.

PETESUCOS.- Ver SOBEK.

PIROMIS.- O Piromi. Divinidad poco conocida pero considerada como suprema por algunos textos, que lo califican como *el Excelso*. Se trata de un dios inactivo, replegado sobre sí mismo y casi ajeno al universo, cuya misma forma no puede ser captada por la naturaleza humana.

La primera trinidad estuvo compuesta por sus tres manifestaciones: Knef, Ftah y Fre. La primera de ellas es Knef el creador, varón y hembra al mismo tiempo, que, al unirse con el Verbo Divino, da a luz a Ftha. Esta segunda manifestación es dios de fuego y vida y también varón y hembra por lo que, a su vez, crea la Tierra y el Cielo y también a Pan Mendes –el poder viril– y Hefestóbula –el poder femenino–. Del ayuntamiento de estos dos últimos nace Fre o Pi Re, el Sol y ojo derecho del Cielo, que es la tercera manifestación, pero también Pi Ioh, la Luna u ojo izquierdo. Los distintos atributos y poderes asignados al dios en cada territorio hizo creer en la existencia de divinidades diferentes cuando eran aspectos de uno sólo.

El complicado autolinaje de Piromis fue resumido por los sacerdotes asignándole a todos sus aspectos el nombre de Amón, que pasa así a convertirse en el dios supremo. No obstante, los nombres claramente griegos de algunas de sus manifestaciones sugieren la idea de que en realidad toda esta enrevesada genealogía sea fruto de la confusión o la ignorancia helena ante la cosmogonía egipcia y su intento por reinterpretarla.

POOH.- o Ioh u Ooh. Diosa lunar representada con túnica flotante y la cabeza coronada por el disco de la luna llena, si bien a veces aparece con cabeza y alas de gavilán. Recorría el cielo en su barca con flores de loto a proa y popa.

PTAH.- Dios creador y constructor, la divinidad más importante del Imperio Antiguo. Según algunas teorías, el mismo nombre de Egipto –su versión griega: Aegyptos- procedería de Hikuptah o Hat Ka Ptah, que significa *Mansión del Espíritu de Ptah*, uno de los nombres de Menfis, donde estaba su principal santuario.

Aunque su poder declinó en favor de Amón y Ra, durante el llamado período Ramesida integró junto a estos dos dioses la principal trinidad del poblado panteón egipcio. Se le representa como un hombre envuelto en un sudario, con casquete en la cabeza y barba recta en forma de cuña –lo habitual en el resto de los dioses es lucir barba curva–, luciendo el collar menat y portando un cetro uas en el que va insertado un pilar djed y un anj. Está de pie sobre un pedestal que simboliza a Maat y con el cual puede alcanzar la altura de los demás dioses.

Entre sus títulos figuran los de *Alfarero divino*, *Maestro constructor*, *Señor de la Magia* y *Señor de la Verdad*, pues según los sacerdotes menfitas fue el creador del mundo y del resto de los dioses a través del poder de su palabra. Cada uno de estos dioses pasa así a representar una atribución de Ptah: por ejemplo, Horus instalado en su corazón representa la conciencia y Thot, en su lengua, el verbo. Pero además fue el organizador de las regiones o nomos, el arquitecto de las ciudades y los templos e incluso el encargado de estipular cuál era el correspondiente a cada dios y qué ofrendas debía recibir para su culto y en qué tipo de capillas. Es patrono de artes y oficios y por tanto de arquitectos, albañiles, canteros, escultores, herreros o artesanos.

El sumo sacerdote de su culto disponía del título de *Maestro Constructor*, igual que el propio dios, en cuanto a su calidad de jefe de los artesanos. Todos estos trabajos podían ser practicados también por enanos, bien valorados socialmente en el Antiguo Egipto porque muchos de ellos se dedicaban a la orfebrería. Los enanos estaban bajo la protección específica de Ptah y de sus ayudantes: los Patecos, cuyo nombre proviene del dios, son sus hijos y se representan generalmente calvos, desnudos y con las manos en la cintura.

También está relacionado con el oficio funerario pues inventó la ceremonia de apertura de la boca. Su esposa es Sejmet y su hijo es Nefertem y con ellos integra la tríada menfita.

RA.- Dios solar y de la vida por excelencia, el astro rey cuando alcanza el mediodía y se muestra en toda su potencia y esplendor. Es uno de los principios divinos y espirituales más importantes del Antiguo Egipto y, aunque los faraones se consideraban a sí mismos su encarnación sobre la Tierra –o, al menos, sus descendientes, puesto que Ra fue el primer faraón–, en la antigüedad carecía de representación gráfica.

En la XII dinastía fue vinculado con Amón (Ra era el dios más popular en el Alto Egipto y Amón, del Bajo) y se transformó en Amón Ra, la principal divinidad egipcia. Así adquirió la forma de un hombre con cabeza de halcón, el disco solar sobre su cabeza rodeado por el ureo, el cetro uas y el anj.

Esta deidad posee cuatro facultades: Maa –la visión–, Hu –la palabra y el gusto–, Sedyem –el oído– y Sia –el entendimiento y el tacto. Además, dispone de catorce Ka o atributos, sus características básicas, que son Aju –el estrépito–, Djefa –la abundancia–, Djehen –el resplandor–, Heka –la magia–, Hu –la alimentación–, Iri –la producción de alimentos–, Nejt –la victoria–, Pesedj –la luminosidad–, Seped –la habilidad–, Shemes –la fidelidad–, Shepes –la gloria–, Uas –el honor–, Udj –la prosperidad– y User –el vigor–. Su fuerza y su potencia la irradia hacia otros dioses y ello lo subraya al coronarles con el disco solar en sus representaciones. Su venganza se ejerce a través del Ojo de Ra, que puede ser portado por las conocidas como «diosas peligrosas»: Sejmet, Tefnut o Hathor.

Entre las numerosas leyendas que protagoniza, la más importante es la de su labor diaria como mantenedor de la vida, en un viaje interminable a bordo de su barca solar, que en realidad son dos. Durante el día, conduce el Sol a través del cielo a bordo de la Mandjet o *Barca de millones de años* a la vista de todos los seres vivientes sobre la superficie de la Tierra. Durante la noche, viaja en la Mensenktet o Sektet, una embarcación más pequeña, a través del mundo subterráneo. Allí afronta innumerables trampas y peligros de las fuerzas del caos encabezadas por Apofis que buscan detener su marcha y desatar así el fin del mundo. Por suerte para los mortales, Ra siempre vence con la ayuda de otros dioses y demuestra así la verdad de la doctrina del perpetuo renacer.

Muchos faraones han lucido en su nombre el del dios, como por ejemplo Nebra, Jafra –más conocido por su nombre griego Jefren o Kefren– o Menkaura –también más conocido como Mikerino–. A partir de la dinastía V, uno de los títulos habituales de la realeza es Sara, que significa *Hijo (Sa) del Sol* (Ra).

RENPET.- Diosa del tiempo, conocida como *Señora de la Eternidad*, pero también de la primavera, la juventud y la fertilidad, cuya popularidad creció en la última etapa del Antiguo Egipto. Se la representa como una mujer con un brote de palmera en la cabeza y suele llevar otros símbolos de cultivos para destacar su papel como generadora de abundancia. En el idioma egipcio, esta palabra era la utilizada para llamar al año, como derivación del verbo *renep*, que significa rejuvenecer o ser joven y su jeroglífico es precisamente una rama de palmera despojada de hojas pero con un pequeño bulto que sirve para contar. Tantos bultos como aparezcan en la rama indican su equivalente en años.

SATET.- O Satit o Satis. Es una diosa de la guerra y la caza, pero también del amor y la fertilidad, protectora del Alto Egipto y además personificación de las inundaciones del Nilo. Su nombre significa *la que dispara continuamente*, lo cual puede hacer referencia a su capacidad bélica pero también al impulso que imprime al río para que se desborde cada año. También se la conocía como *la que vuela como una flecha*, una expresión que igualmente ha sido interpretada tanto desde el punto de vista guerrero como del

de la velocidad de las corrientes fluviales. Su figura es la de una mujer con la corona Hedyet a la que se le ha añadido un par de cuernos de antílope y armada con arco y flechas. Junto a su esposo Jnum y su hija, a veces hermana, Anuke, forma la trinidad de la isla Elefantina, donde la reina Hatshepsut le dedicó un templo. Por ello, se la conoce como *Agua fresca que proviene de Elefantina*, si bien el centro de su culto estaba en la isla Sehel, al sur de Asuán.

SEJMET.- O Sacmis o Nesert. Es una divinidad solar y la principal diosa de la guerra y la venganza aunque, paradójicamente, también de la sanación. Esto se debe a que su ira la convierte en un enemigo invencible pero, si se la apacigua de la manera conveniente, es posible reconducir su energía en la guerra contra la enfermedad y ayudar así a curar a sus seguidores. Los títulos que ostenta dan fe de su poder: *la Invencible, la Terrible, la Señora del Oeste, la Soberana del desierto* o *la más Poderosa*. También lo hacen algunas leyendas como la que afirma que el desierto fue creado a partir de su aliento. Se la representa como una mujer con cabeza de leona, aunque con melena de macho, coronada con el disco solar y el ureo, portando el anj, un cetro de papiro y, en ocasiones, armada con flechas. Su vestido es de color rojo como la sangre y normalmente muestra los pechos en actitud desafiante.

Es una divinidad tan irascible que los sacerdotes realizaban los rituales diarios en su honor ante una estatua diferente cada día –sólo en el templo de Amenhotep III en Tebas se calcula que existían más de 700- y por ello se cree que sobreviven tantas de sus imágenes a día de hoy. Ejemplo de su cólera es la matanza que llevó a cabo cuando Ra, su padre, la envió a vengarse de los mortales que le habían despreciado y ella se excedió y casi acabó asesinando a toda la humanidad. Ante la imposibilidad de razonar con Sejmet, el dios solar se vio obligado a echar mano de una estratagema: le ofreció grandes cantidades de cerveza teñida de rojo diciéndole que era sangre y ella la bebió y se emborrachó, de manera que ya no pudo completar la masacre. Para emular estos hechos, los sacerdotes de la diosa león organizaban a primeros de año el denominado *Festival de la embriaguez* en el curso del cual se consumía grandes cantidades de alcohol en su honor.

Es la esposa de Ptah y madre de Nefertem –con estos dos últimos integra la trinidad menfita– y está especialmente vinculada con Bastet que, según las tradiciones, es su hermana o bien un aspecto sereno de ella misma.

SEMSU HOR.- Ver HORUS.

SERAPIS.- Ver APIS.

SERKET.- O Selket o Selkis. Diosa de la Tierra y la Naturaleza, protectora de animales y sanadora de picaduras y mordeduras venenosas. Se la representa como una mujer con un escorpión en su cabeza, cetro uas y anj, pero también como un escorpión de cabeza femenina, a veces coronada con el disco solar. Es benéfica y protege el sarcófago del faraón además de cuidar de los que han muerto. Por su capacidad sanadora de la picadura del escorpión es *la que facilita la respiración en la garganta* ya que el aguijonazo de este animal produce ahogo.

Especialmente venerada en el delta del Nilo y en Edfu, sus sacerdotes también eran magos y médicos especializados como su diosa en tratar las picaduras venenosas. Serket es hija de Ra y según algunas tradiciones, esposa de Horus. También se la considera madre de Nehebkau, uno de los 42 dioses jueces en la Duat, encargado de armonizar y aprovisionar los Ka y tomar juramento al difunto de que no había actuado con arrogancia ni hecho distinción alguna con él mismo respecto a los demás.

SESHAT.- O Sesheta o Safejt. Es la diosa de la escritura, la literatura, el cálculo, el diseño y la historia, protectora de las bibliotecas, que ostenta el título de *Señora de los Libros*. Su propio nombre se traduce como *la que escribe*. Originaria del delta es, además, una diosa del destino, que contempla y prevé desde su sitial junto al árbol cósmico, donde se unen el cielo superior y el inferior. En este lugar escribe sobre las hojas del árbol los acontecimientos que han de acontecer y archiva los que ya han sucedido. Incluso anota los años de reinado de cada faraón.

Señora del Calendario, es también versada en astronomía y en el dibujo de los planos a la hora de edificar los lugares sagrados –ya que éstos deben levantarse en la Tierra en función de la posición de los cuerpos celestes, para transportar las energías de lo de arriba a lo de abajo-.

Se la representa como una mujer con una estrella de siete puntas cubierta por una especie de arco o dos cuernos unidos apuntando hacia abajo -que según algunos estudios era inicialmente un creciente lunar invertido, reemplazado por error- y apoyada en un tallo sobre su cabeza, vestida con piel de leopardo y normalmente portando una paleta de escriba y un cálamo para escribir. En algunas tradiciones es la esposa de Thot y, como él, posee poderes mágicos pero la sabiduría de ambos es ligeramente diferente: mientras él domina el conocimiento abstracto, ella lo hace con el aplicado y por eso puede transmitirla a los mortales corrientes.

SETH.- O Suty o Sutej, ambos en idioma egipcio. Los griegos le llamaron Tifón. Forma parte de la Enéada de la cosmogonía heliopolitana. Dios de las tinieblas y el caos, de la fuerza bruta y del desierto. Es representado como un hombre con una cabeza de animal de largo hocico y orejas puntiagudas o rectangulares, pero coherentemente con su función como *Señor de la oscuridad y la confusión*, nadie ha sabido aclarar a qué animal corresponde —aunque se le ha asimilado con el asno, el lebrel, el cerdo, el órix y el hipopótamo, entre otros-. Posee también cola y, pese a su carácter maléfico, luce a menudo cetro uas y anj. Es muy conocido su enfrentamiento a muerte con Horus, quien deseaba vengar la muerte de su padre Osiris, asesinado por envidia a manos de Seth y sus secuaces.

Venerado principalmente en Nagada, ciudad conocida por los antiguos egipcios como Nubt o *Ciudad de oro* por su proximidad con las minas de este metal precioso, no siempre fue considerado como el villano perfecto ya que era visto como una divinidad benefactora en algunas ciudades del Alto Egipto. Incluso tras asumir su papel como dios de la oscuridad, su fuerza y astucia le hacían ser invocado como patrón de la guerra y para sembrar la discordia entre los enemigos del país, además de colaborar como uno de los protectores de la barca solar de Ra. Por su dominio de las tierras desérticas, donde las tormentas de arena pueden enterrar a hombres y animales en muy poco tiempo, también se le adoraba en calidad de protector de las caravanas.

Aunque su culto no fue muy popular entre el pueblo, dispuso de varios santuarios y del favor de varios faraones. Algunos incluso llevaron su nombre, como Seti I, Seti II y Sethnajt.

SHAI.- Dios del destino que nace con cada nuevo bebé y vive a su lado una existencia paralela, a modo de ángel de la guarda, para dar testimonio de sus obras buenas y malas en el juicio de las almas y asistir al renacimiento del difunto si éste se gana un sitio en el Más Allá. Se le representa a veces como una serpiente con cabeza humana o como un ladrillo con cabeza de hombre. En el Imperio Nuevo fue emparejado con la diosa Mesjenet aunque también ha sido asociado a Ernutet.

SHU.- O Sos. Dios del aire y de la luz. De hecho, su nombre significa literalmente *Luz* y es *el que sustenta el Cielo*. Sus huesos son las nubes y las cuatro columnas sobre las que se apoya el cielo en los cuatro puntos cardinales extremos del mundo son llamados en su honor *los Pilares de Shu*. La primera vez que «levantó el cielo» y lo estabilizó en lo alto lo hizo en Hermópolis, literalmente en griego la *Ciudad de Hermes* o Toth.

Se le representa como un hombre con una pluma de avestruz en la cabeza y ostenta cetro uas y anj, aunque es común contemplarle como un hombre que, rodilla en tierra, sostiene el cielo con sus manos.

Shu es hijo de Atum Ra y el hermano y esposo de Tefnut, con la que forma la primera pareja de la Enéada y quien además le ayuda en su tarea. Es también el padre de Geb y Nut, a los que mantiene eternamente separados pues, si ambos se unieran, sobrevendría el caos en el universo. Simboliza la fuerza vital que anima la creación y sus huesos son las nubes. Posibilita al difunto su ascensión al cielo, si bien durante el juicio de las almas actúa de fiscal.

SOBEK.- O Sebek. Dios del lodo, la maldad y las tinieblas, asociado con Seth. Su principal santuario estaba ubicado en la ciudad de Hawara, en la región de El Fayum, donde se conservan restos de asentamientos y necrópolis muy antiguos, aunque adquirió su mayor importancia durante el Imperio Medio. El faraón Amenemhat III ordenó construir allí un palacio, un templo funerario e incluso una pirámide, en un gran complejo de piedra y adobe rodeado de un muro y que fue descrito como un colosal laberinto de capillas, patios, criptas e incluso cámaras secretas. Autores griegos y romanos lo describieron en varias obras ya que en su época aún se conservaba en pie.

En la ciudad de Arsínoe, llamada por los griegos Cocodrilópolis por razones evidentes, vivía un cocodrilo sagrado considerado la manifestación del dios: Pady Sebek o *Nacido de Sobek*, al que los griegos rebautizaron como Petesucos. Este reptil llevaba aretes de oro en las orejas y brazaletes en las patas delanteras para señalar su carácter sacro y, al morir, su cuerpo era momificado.

SOKAR.- O Socar o Sokaris. Deidad de la decadencia, las necrópolis, los muertos y la Duat. Es el patrón de los herreros por su habilidad para forjar útiles como los cuencos de plata utilizados en las comidas de los difuntos o armas como la lanza de Ra, tan poderosa que podía dañar incluso a la oscuridad. Se le representa como un hombre momificado con cabeza de halcón, corona Atef, cetro uas y anj, a veces sentado en un trono. Habita en una caverna escondida llamada Imhet o *Puerta de caminos* cuyo suelo es arenoso y por eso se le llama *el que está sobre su arena*. Su misión principal es guardar la entrada al Más Allá. Además, alimenta el corazón de los difuntos y es el responsable de que se cumplan sus necesarias transformaciones una vez fallecidos. Posee una embarcación llamada Henu, guardada por genios, con la que puede subir al cielo al faraón e incluso al mismo Sol. Su contrapartida femenina se llama Sokaret, que figura en algunos rituales de enterramiento.

SOPDET.- O Sotis o Sothi. Personificación femenina de la estrella Sirio, cuyo nombre significa *La Brillante del año nuevo*. Se la representa como una mujer con la corona del Alto Egipto, una estrella, un ureo y dos cuernos o dos plumas. En ocasiones también aparece como un perro, símbolo de Sirio, y también con forma de milano. Figura en muchos «techos astronómicos» o pintados con forma de cielo nocturno y estrellado en las tumbas. Es la esposa de Happi y la madre de Sopdu.

SOPDU.- O Sepdu o Septu. Dios guerrero, defensor de las fronteras en el este y en especial del desierto en la península del Sinaí. Se le representa con cabeza de halcón o como un guerrero ataviado al estilo asiático, luciendo barba semita sin bigote y con grandes patillas. Ostenta títulos como *Azote de los asiáticos*, *Señor del Este*, *Agudo* y *Afilado*.

TATENEN.- O Tenen. Su nombre significa *La tierra que emerge* pues representa la primera colina que surgió de las aguas primordiales durante la formación del mundo y en el mismo sentido simboliza las orillas fertilizadas del Nilo cuando disminuía la crecida. Por tanto es también dios de la vegetación y la Naturaleza y por ello a veces se le representa de color verde. Normalmente figura como un hombre portando un cetro uas, con cuernos de carnero y dos plumas sobre la cabeza. Es el equivalente al dios montaña de distintos pueblos primitivos. Asimilado al dios Ptah y también a Geb, ostentaba los títulos de *Señor de los Jubileos* y *Padre de todos los dioses.*

TAUERET.- Ver TUERIS.

TEFNUT.- O Tefnet o Tfenis. Hija de Ra y madre de Geb y Nut, el papel de esta diosa de Oxirrinco está muy vinculado al de su hermano y esposo Shu, con quien forma la primera pareja de la Enéada y además comparte el dominio del espacio entre cielo y tierra, aunque se ocupa de manera específica de la humedad y el rocío. Su relación con el agua es tan importante que el Nilo requería su presencia para propiciar la inundación: en cierta ocasión se enfadó con Ra y abandonó Egipto en dirección a Nubia, por lo que Shu y Thot tuvieron que ir a buscarla, consolarla y llevarla de vuelta para que las aguas volvieran a fertilizar las orillas del país. Esta diosa también permitía el aliento de los difuntos. Se la representa como una mujer con cabeza de leona, disco solar, dos ureos, cetro uas y anj. En la ciudad de Buto, fue venerada con forma de flamenco.

THOT.- O Toth o Tot, que significa *el que es como el ibis*, su ave sagrada, que compartía con Isis y con la cual velaba por el bienestar de los egipcios. Es el gran dios de Hermópolis que en griego significa literalmente *Ciudad de Hermes*, siendo éste su nombre helenizado. En el Antiguo Egipto se le llamaba Djehuty, que significa *el de Djehut.* Varios faraones llevaron su nombre como Djehutymose, que significa *engendrado por Djehuty*, aunque ha llegado a nosotros bajo la forma griega de Tutmosis.

Es la deidad de la sabiduría, la escritura, la magia, la ciencia, las artes y el juicio de los muertos. Es el visir y el escriba personal de los dioses principales, el mediador entre ellos y, en ocasiones, el encargado de resolver sus entuertos. Es el inventor de todas las palabras, no sólo de los jeroglíficos, sino también del lenguaje, además de la lira. También ideó el calendario de 360 días, al que más tarde añadió las cinco jornadas que necesitó Nut para parir a sus hijos Osiris, Seth, Isis, Neftis y Horus, por lo cual el primer mes lleva su nombre. Rige el tiempo y las estaciones y también la Luna, de la cual es protector. Es el patrón de los escribas y por tanto también del autor de este libro.

Se le representa habitualmente como un hombre con cabeza de ibis, cetro uas y anj o bien dotado de un cálamo y una tablilla de escritura. También aparece con cabeza o forma de babuino o mono cinocéfalo —con cabeza alargada similar a la de un perro—, su otro animal sagrado, encargado de señalar a los muertos el camino hacia el juicio de Osiris. Entre sus títulos figuran los de *Regulador de la crecida de las aguas, Toro de las estrellas, Señor del Tiempo* y *Atón de plata.*

En algunas tradiciones, su esposa es Seshat y en otras lo es Maat.

TUERIS.- O Taueret u Opet, que en egipcio significa *la Grande.* Diosa adorada en Tebas y otra ciudades, hija de Ra y muy popular por cuanto no sólo era protectora de la fertilidad sino directamente patrona de las embarazadas y también de los recién nacidos, concediendo abundante leche materna a sus madres para una buena alimentación de su prole. Su representación habitual la muestra como un hipopótamo hembra o como una mujer con cabeza de hipopótamo, en ambos casos preñada y con grandes pechos y la piel negra, combinado todo ello con patas de león y cola de cocodrilo. Aunque era la concubina de Seth, ayudó a Horus en su lucha contra él. En su calidad de diosa celeste, se la llama *la Misteriosa en el horizonte.*

UADYET.- Diosa serpiente cuyo nombre original era Uto o Buto porque su santuario, que incluía un oráculo, estaba junto al lago del mismo nombre. Adquirió su denominación más popular por proteger Per Uadyet, *la Casa de Uadyet*, y por extensión al faraón y al Bajo Egipto. Su nombre significa *la Verde*, ya que representa entre otras cosas la fertilidad de la tierra.

Señora del Cielo, símbolo de la llama del fuego divino y, con el tiempo, encarnación del Ojo de Ra, a veces aparece con cuerpo de mujer pero es más común verla como una cobra alada. De hecho, así aparece en la corona Desheret. Es hija de Anubis y ayudó a Isis en la crianza de Horus niño ya que le amamantó y le protegió de las acechanzas de Seth.

Junto con Nejbet ostenta el título real Nebty, que significa *las Dos Señoras*. Rige sobre el icneumón –un tipo de avispa– y la musaraña –un pequeño mamífero insectívoro–.

UPUAT.- O Upuaut. Dios de la guerra y también de los servicios funerarios, era *el que abre los caminos* en dos sentidos: a los difuntos en la Duat y también a bordo de la barca solar de Ra. Por su primera función, se le representa como un guerrero armado con maza y arco y era invocado antes de las batallas para que protegiera a los soldados y les «abriera» también el paso hacia la victoria. Por su segunda función, luce el título de *Señor de la tierra sagrada* y figura como un hombre con cabeza de chacal blanco o como un chacal negro con la cabeza blanca, con uno o dos ureos. Los griegos confundieron a este carnívoro con un lobo y por ello llamaron Licópolis a Asiut, la ciudad de la cual era patrón, aun siendo originario de Abidos. Además, le llamaron Ofois.

También se practicó su culto en varias ciudades y su imagen era imprescindible en desfiles militares, religiosos y civiles, incluyendo el Heb Sed o fiesta de la renovación real del faraón. Además, simbolizaba el solsticio de invierno, con el cual está relacionado. Los productores del documental de *National Geographic* que filmó a principios de los años 90 del siglo XX la apertura de los conductos de ventilación de la llamada Cámara de la Reina en la pirámide de Keops llamaron con el nombre de este dios al robot teledirigido que se encargó de su exploración.

BIBLIOGRAFÍA

LIBROS

ANÓNIMO: *El libro egipcio de los muertos.* Traducción de A. Laurent según el texto jeroglífico publicado por Wallis Budge en 1898. Edicomunicación. Barcelona, 1988.

BARNETT, MARY: *Gods and Myths of Ancient Egipt.* Brockhampton Press. Londres, 1996.

BARRET, CLIVE: *Dioses y diosas de Egipto. Mitología y religión del Antiguo Egipto.* Editorial Edaf, 1994.

BAUVAL, ROBERT: *El misterio de Orión.* EDAF. Madrid, 2007.

CASTEL, ELISA: *Diccionario de mitología egipcia.* Aldebarán Ediciones. Madrid, 1995.
De la misma autora: *Los sacerdotes en el Antiguo Egipto.* Aldebarán Ediciones. Madrid, 1998.

DEVI, SAVITRI: *La alegría del Sol. La hermosa vida de Akhenaton, rey de Egipto.* Ediciones Fides. Tarragona, 2021.

DERUVIER, GERARD: *El Antiguo Egipto.* Iberlibro. Barcelona, 1997.

DULITZKY, JORGE: *Akenatón, el faraón olvidado.* Lectorum. México, 2011.

DURVILLE, HENRI: *Los misterios iniciáticos. Enseñanzas ocultas del Libro de los muertos.* Edicomunicación. Barcelona, 1987.

GAHLIN, LUCÍA: *Egipto. Dioses, mitos y religión.* Edimat. Madrid, 2005.

GARCÍA FONT, JUAN: *Dioses y símbolos del Antiguo Egipto.* Ediciones Fausí. Barcelona, 1987.

GARCÍA GALLO, LUIS: *De las mentiras de la egiptología a las verdades de la gran pirámide.* La Gran Enciclopedia Vasca, D.L. Bilbao, 1978.

GARCÍA MICIECES, PEDRO: *Enigmas técnicos del Egipto faraónico.* Revista *Mundo desconocido* números 46, 47 y 48. Barcelona, 1980.
Del mismo autor: *La imagen del cielo (Enigmas del Egipto farónico),* aún inédito.

LURKER, MANFRED: *The Gods and Symbols of Ancient Egypt.* Thames and Hudson. Londres, 1988.

MEAD, GEORGE ROBERT STOW: *Los Himnos de Hermes.* Ediciones Obelisco, colección Biblioteca Esotérica. Barcelona, 2002.

MOREL, HÉCTOR V. y DALÍ MORAL, JOSÉ: *Diccionario de mitología egipcia y de Medio Oriente.* Editorial Kier, colección Horus. Buenos Aires (Argentina), 1987.

PINCH, GERALDINE: *Egyptian Mythology. A guide to the Gods, Goddesses and Traditios of Ancient Egypt.* Oxford University Press. Santa Barbara (EEUU) 2002.

RIBERO MENESES, JORGE MARÍA: *Trilogía de la Atlántida (La Atlántida, al fin descubierta; La Atlántida: la isla en la que nació la humanidad; América, confundida con la Atlántida por Colón).* Fundación de Occidente. Santander, 2008.

SALAS SOMMER, DARÍO: *Obras completas (Escalera cósmica; Hipsoconciencia; El hombre estelar; La ciencia del Amor; Aprendiendo a ser mujer; El desarrollo del mundo interno; Depresión y angustia; Moral para el siglo XXI; Filosofía y calidad de vida; Moneda Cósmica).* Editorial Séptimo Cielo. Santiago de Chile, 2020.

SCHORS, W.N.: *Misterios egipcios.* Editorial EDAF. Madrid, 1990.

SCOTT, WALTER: *Corpus Hermeticum y otros textos apócrifos de Hermes Trismegisto.* Editorial EDAF, colección Arca de Sabiduría. Madrid, 1998.

PLUTARCO: *Isis y Osiris.* Ediciones Obelisco, colección Biblioteca Esotérica. Barcelona, 2006.

VVAA: *Description de l'Egipte.* Taschen. Colonia, 1994.

VVAA: *Faraón.* Lunwerg Editores. Barcelona/Madrid/México, 2005.

INTERNET

www.egiptologia.org

www.egiptologia.com

www.ribero-meneses.com

www.worldhistory.org

Dioses, héroes,
semidioses y monstruos

Alessandra Bartolotti

Mitología griega y romana

Un viaje fascinante por los símbolos
y mitos de la cultura grecorromana

swing

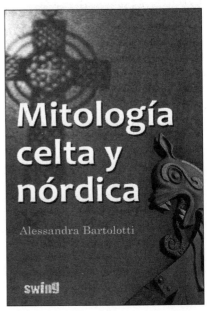

Mitología celta y nórdica

Alessandra Bartolotti

swing

Alessandra Bartolotti

GUÍA ESENCIAL DE MITOLOGÍA

ROBIN BOOK

Alessandra Bartolotti

GUÍA ESENCIAL DE LOS SÍMBOLOS

ROBIN BOOK